W0344251

Vos débuts en radiesthésie

Premiers pas

Le but de ce livre est d'informer.
Les éditions Servranx ne sauraient en aucun cas être tenues pour responsable de l'interprétation que le lecteur en ferait.

Tous droits de reproduction, de traduction et d'adaptation du présent ouvrage, ainsi que des éditions précédentes, réservés pour tous pays.
© 1990, 1992, 2005, 2008, 2014 Éditions Servranx
23-25 rue Gustave Biot
B – 1050 Bruxelles
Tél. : (32) 2 649 18 40
Fax : (32) 2 649 12 10

N° d'éditeur – D/2014/5018/5
ISBN 2-87242-108-4

Félix Servranx

Vos débuts en radiesthésie

Premiers pas

Méthode simple et complète pour apprendre à bien se servir d'un pendule sans professeur

SERVRANX
Éditions & Laboratoires

Avertissement

Lorsque nous avons préparé cette deuxième édition des *Premiers pas*, nous nous sommes très vite trouvés confrontés au dilemme suivant : à savoir, fallait-il rééditer un texte intégral ou rafraîchir le texte au goût du jour ?

Par respect pour les frères Servranx qui ont été parmi les plus géniaux pionniers, chercheurs et rapporteurs de la radiesthésie, nous avons choisi un moyen terme !

Le texte que nous vous présentons aujourd'hui est intégral à dix mots près. Mots qui, à notre avis, n'apportaient pas toute la précision demandée par un sujet aussi subtil que la radiesthésie. Dans le cas le plus bénin, nous avons par exemple corrigé *infra-rouge* par *infrarouge*; l'erreur la plus importante étant *observation* utilisé dans le sens *d'observance.*

D'autre part, le lecteur trouvera une série d'appels le renvoyant aux notes en fin d'ouvrage qui lui apporteront diverses précisions, tant par rapport au texte qu'au milieu de la radiesthésie.

Nous espérons que cette formule agréera à tous, car, si le langage des frères Servranx a un charme régionaliste peut-être désuet aux yeux de certains, il ne présente pas moins un sentiment sécurisant essentiel à tout débutant.

Editions Servranx

Vos débuts en radiesthésie

Ami lecteur,

Voici un manuel comme j'aurais voulu en trouver un, lorsque j'apprenais moi-même la radiesthésie.

J'avais vu pratiquer quelqu'un lors d'une causerie sur le sujet. J'étais curieux, je ne savais pas par où commencer et les livres que je parvins à me procurer ne contenaient pas l'essentiel pour moi : le pourquoi et le comment. Il leur manquait, notamment, une série d'exercices de démarrage pour obtenir des mouvements du pendule.

Aujourd'hui, par cette petite méthode sans prétention, cette lacune est comblée pour vous.

Vous trouverez dans les pages qui suivent tout ce qui est indispensable de savoir pour pratiquer la radiesthésie et un nombre suffisant d'exercices pour vous entraîner.

Rien d'essentiel n'a été omis, mais tout ce qui n'était qu'accessoire, tout ce que *vous aviez le temps d'apprendre* a été laissé de côté.

Ainsi compris, ce manuel représente le cours le plus pratique – et sans doute aussi le plus facile – que vous puissiez suivre à vos débuts.

Vous y trouverez quelques répétitions, jugées indispensables pour vous aider à retenir ce que vous devez absolument savoir.

Je vous souhaite bon succès, étant assuré que vous trouverez dans l'étude et la pratique de la radiesthésie une diversion à vos soucis, et une aide très précieuse dans la vie quotidienne.

F. Servranx

I

Qu'est-ce que la radiesthésie ?

Le mot radiesthésie signifie : sensibilité humaine aux radiations, aux influences qui se dégagent de tout ce qui est.

C'est une manière particulière de savoir ou de percevoir des choses autrement que par les cinq sens.

Faut-il nécessairement parler de sixième sens et n'a-t-on pas abusé de cette expression ? Quelques exemples nous semblent préférables.

Vous ne voyez pas un courant d'eau souterrain, ni une personne qui va et vient à des milliers de kilomètres. La radiesthésie peut vous donner une notion tout à fait exacte d'un courant d'eau souterrain (localisation, dessin du parcours, sens du courant, largeur, profondeur, débit, potabilité, minéralisation, etc.) et vous situer sur une carte géographique une personne connue, même à très grande distance.

Comment est-ce possible ? On a discuté là-dessus à perte du vue. Le plus plausible, ce qui se dégage de la pratique de la radiesthésie, c'est que :

1) Tout, absolument tout, rayonne, c'est-à-dire émet, à tous moments et en tous lieux des *influences*.

Ces influences sont très faibles, sans doute, mais elles sont bien caractéristiques et cheminent à distances si grandes qu'on ne connaît pratiquement (en radiesthésie) aucune limite de perception.

Le fait qu'elles échappent aux instruments normaux de la physique ne doit pas porter à les nier. On ne connaissait pas jadis la lumière noire – ni les infrarouges ni les ultraviolets – alors que la lumière solaire nous en déverse depuis le tout début de notre univers. Ces influences que l'on détecte en radiesthésie sont mises en évidence par les instruments dont on se sert en cet art particulier : baguette ou pendule.

2) Comme tous les autres corps, comme tout ce qui existe, l'être humain rayonne lui aussi, émet des influences caractéristiques.

3) Tous ces rayonnements s'entrecroisent en tous sens, et une règle qui est là, devant moi, sur ma table de travail, envoie ses rayonnements si loin qu'un radiesthésiste, aux antipodes, cherchant au pendule sur un plan de mon bureau, pourrait situer cette règle, en dire la couleur, la longueur, etc. Qu'il puisse se tromper, quand il

s'agit de rayonnements si faibles et à de telles distances, c'est très explicable[1]. Mais il y réussira souvent !

Cette règle elle-même est traversée, et moi je suis traversé, et vous qui me lisez êtes traversé, à ce moment même, par les rayonnements de tout ce qui existe.

Nous n'en sommes, vous et moi, pas conscients, mais la radiesthésie (les réussites de la radiesthésie) le prouve.

4) À présent que vous êtes un peu habitué à cette idée que tous les êtres et tous les corps de la nature, minéraux ou organiques, émettent des rayonnements (vous n'en avez pas la preuve mais vous acceptez l'idée à titre d'hypothèse), rappelez-vous que lorsque deux verres à boire[2], semblables, donnent la même note quand on les frappe, il suffira d'en heurter un, pour que l'autre se mette à vibrer par *résonance.*

Lorsque quelqu'un vocalise ou chante devant un piano silencieux, on s'aperçoit, en écoutant attentivement, que certaines cordes du piano vibrent à l'unisson des modulations de la voix; ces cordes sont celles qui donnent les mêmes notes que la voix ou les harmoniques de ces notes[3].

1 – C'est également excusable vu la multitude d'éléments en présence, mais la pratique et l'attention réduiront progressivement les erreurs à néant.

2 – Verres en cristal, sous certaines conditions.

3 – Il faut pour cela enfoncer la pédale de droite. Les cordes qui vibreront seront celles donnant les fondamentales plus la quinte, ensuite celles de certaines harmoniques contenues dans les sons chantés.

C'est un phénomène très général en physique classique, et il explique très bien qu'en radiesthésie on trouve, au pendule ou à la baguette, *une résonance entre tous les corps semblables.*

Mais en radiesthésie, on constate cette résonance, même à des distances très grandes. Par la radiesthésie je sais que ma règle, qui est là sur ma table, est en résonance parfaite (est unie par d'invisibles rayonnements) avec toutes les règles semblables qui existent sur la terre.

Vous en venez à vous demander comment un radiesthésiste peut bien se débrouiller dans ce fatras ? Mais c'est très simple, car voici le fait capital !

5) Quand un chien pense à son maître, s'il y pense assez longtemps, il se lève et agite la queue. Que se passe-t-il ? Du fait de penser à son maître, ce chien modifie ses propres rayonnements et devient ainsi particulièrement sensible aux rayonnements qu'il reçoit à tous moments de son maître. Dès que l'accrochage se fait, un mouvement réflexe se produit : la queue du chien s'agite[4].

Si quelqu'un pense à quelque chose, il émet sans le savoir des rayonnements en résonance avec cette chose, et ces rayonnements

4 – Proposition inverse – Nous voulons croire que le chien bien conditionné réagit à chaque pensée du maître à son encontre. Le fait de louer les exploits de l'animal lors d'une conversation peut effectivement provoquer un changement subit dans le comportement de l'animal. Il en ira de même pour toute autre attention soutenue du maître en direction du chien : lors de l'achat de la nourriture par exemple.

accrochent les rayonnements émis par cette chose. La sensation est inconsciente, mais il y a des modifications organiques et notamment apparaissent des réflexes (surtout à la paume des mains, au bout des doigts).

Donc, tout être humain, par simple désir mental peut se rendre *sensible* aux influences de ce qu'il cherche à percevoir ou à savoir quand bien même cela se trouverait caché dans les profondeurs de la terre ou à l'autre bout du monde.

6) Comme je l'ai dit, quand l'être humain, par une sorte d'*orientation mentale* (expression heureuse due à M. Émile Christophe) désire être sensible aux influences d'une chose lointaine ou cachée, il entre en résonance avec cette chose : il devient cette chose. Mais toutes les notions qu'il peut en avoir sont inconscientes. On ne constate que des réflexes involontaires. Le rythme respiratoire est à peine altéré, la circulation sanguine semble imprégnée très légèrement, les muscles, les nerfs ont d'infimes crispations (les fameux réflexes) et si à ce moment la personne qui pense tient une baguette ou un pendule, en position correcte, l'instrument accusera les réflexes du bout des doigts, des paumes des mains; réflexes si peu perceptibles qu'on n'a pas l'impression qu'ils existent : on croit que baguette ou pendule ont réagi seuls, et cela revient tout à fait au même d'ailleurs, puisque à l'origine, la perception est réelle.

Notez qu'en désirant savoir ce qui se passe au loin, et en se tenant bien tranquille, toute personne (de bonne foi !) pourrait apprendre beaucoup de choses cachées, sans besoin de pratiquer la radiesthésie. C'est l'*intuition* que vous savez être un fait assez général. Mais remarquez qu'il y a dans l'intuition :

– un phénomène de résonance (d'accrochage) déclenché par une idée-amorce ou un désir inconscient de savoir, ou par une idée en association;

– une perception de rayonnements aussi physiques (mais certes plus faibles) que la lumière ou les ondes hertziennes, sans quoi l'intuition serait inexplicable.

Si l'intuition ne *se pratique pas aussi facilement*[5] que la radiesthésie, c'est parce que le cerveau est ordinairement trop occupé pour rester passif. Et puis, tant d'influences lui parviennent à la fois que toutes se brouillent et que, sans radiesthésie, on ne distingue rien, ordinairement.

Cependant l'inconscient est toujours averti.

Si quelqu'un cherche la clef d'une difficulté, les gens lui conseilleront de *dormir là-dessus.*

Qu'est-ce à dire ?

Que pendant le sommeil, les choses connues de l'inconscient (6) filtrent petit à petit dans la conscience claire. Et au matin, la solution est généralement présente à l'esprit.

5 – On a de l'intuition, qualité pouvant être développée, mais pas pratiquée.

Premiers pas

°
° °

À l'état de veille, l'inconscient ne témoigne sa réaction aux influences qui lui parviennent de toutes choses, et principalement (c'est-à-dire avec plus de force) des choses auxquelles pense l'être humain, que par d'infimes réflexes.

C'est pourquoi de tous temps, certaines personnes se sont servies d'instruments aussi simples que baguette ou pendule, pour amplifier ces minuscules réflexes et pour traduire ainsi en mouvements significatifs, les influences perçues par l'inconscient[6].

---

6 – Nous engageons nos lecteurs à bien interpréter les mots "inconscient" et "subconscient" utilisés par Félix Servranx. Evoluant dans un domaine d'extrême subtilité, les différents langages que nous connaissons ne nous y aident guère, d'où la confusion qui ressort de leur utilisation dans le présent texte intégral.
À titre d'exemple, nous devons donc dire d'un radiesthésiste que "son subconscient s'exprime par le truchement du pendule" et non pas son inconscient, état de totale absence de conscience. Reportons-nous aux significations données par les dictionnaires qui démontrent l'antinomie entre sensibilité et inconscience.
Afin d'éviter toute lourdeur, nous ne marquerons pas les mots "inconscient" et "subconscient" à chacune des utilisations de Félix Servranx.

La baguette de sourcier

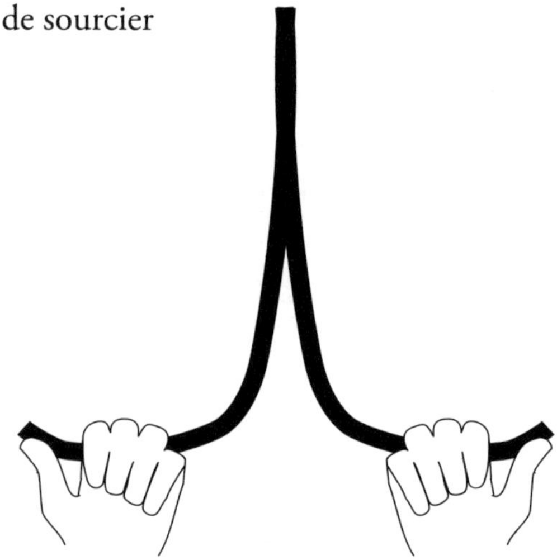

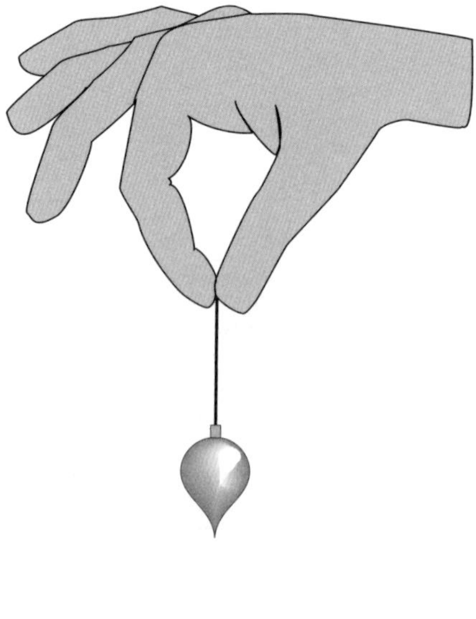

Le pendule

Figure 1

Retenez donc bien que

La Radiesthésie, c'est la sensibilité aux influences de tout ce qui est.

1. – Tout rayonne;

2. – L'être humain également;

3. – Si tout rayonne, tout est traversé, à tous moments par les rayonnements de tout le reste;

4. – Toutes les choses semblables *accrochent* leurs rayonnements, et vibrent en résonance[7];

5. – Quand quelqu'un pense, il entre en résonance avec ce à quoi il pense;

6. – L'être humain n'est pas conscient de cet *accrochage* mais il en résulte des réflexes que peuvent amplifier la baguette ou le pendule[6].

7 – Fusion de rayonnements entraînant une vibration à l'unisson (sans pour autant changer leur fréquence).

II

Pour interpréter les mouvements de la baguette ou du pendule

Pour comprendre les mouvements de la baguette ou du pendule, on fait avec soi-même, c'est-à-dire avec son propre subsconscient[8], une sorte de *convention.* C'est la *convention mentale.*

Par exemple, tenant une baguette en main, on conviendra que la baguette se relèvera pour dire *non* ou s'abaissera pour dire *oui.* Et docilement quand la réponse du subconscient sera *oui* le subconscient dirigera les infimes réflexes pour que la baguette s'abaisse.

À ce moment on aura l'impression *que la baguette a bougé toute seule*, qu'une force extérieure a agi sur elle…

Il y a bien eu une force extérieure (l'influence émanant de ce que nous cherchions), mais cette force n'a pas agi directement sur la baguette. Elle a influencé notre moi organique, le moi subsconcient.

8 – On établit une convention mentale avec l'ensemble de sa personnalité, c'est-à-dire avec le "moi", et non pas seulement avec le subconscient.

Ce subconscient a déclenché les réflexes et a ordonné ces réflexes suivant le *code* (baguette abaissée pour signifier *oui*).

°
° °

Au pendule, c'est tout à fait le même fonctionnement. Vous avez convenu avec vous-même – c'est-à-dire avec votre subconscient – que le pendule :

– tournerait dans le sens des aiguilles d'une montre pour signifier *oui*;

– tournerait dans le sens inverse de la montre pour indiquer *non*;

– et se balancerait en direction de ce que vous cherchez… et tout se passera comme vous l'aurez convenu !

Supposons que vous ayez perdu votre bague. Pendule en main, vous voyez que votre instrument oscille dans une direction, vous vous avancez lentement et à un moment donné, votre pendule, qui à l'instant se balançait, se met à tourner dans le sens des aiguilles d'une montre. Et en effet, la bague est là, tout près.

Si vous êtes resté bien calme, le plus passif possible, tout se sera passé si vite et si bien, les mouvements du pendule auront été si nets, que vous croirez qu'une force inconnue a fait mouvoir votre pendule…

Il y a bien eu une influence, très réelle, émanant de la bague, mais ici encore, les rayonnements n'ont pas agi directement sur le pendule. Ils ont atteint votre subsconcient, *dès le moment où vous avez désiré être sensible à la bague pour savoir où elle se trouvait réellement.* À ce moment, votre subsconcient s'est ouvert bien large aux influences de la bague, et il a eu la sensation que ces influences lui venaient d'une direction. C'est pourquoi, par de petits réflexes du bout de vos doigts, votre pendule est entré en action : il a oscillé dans la direction de la bague (sans que vous sachiez consciemment où se trouvait celle-ci). Quand vous vous êtes porté dans cette direction, à un moment vous êtes arrivé *tout près.* Et pour vous signifier que la bague était là, toujours à l'aide d'infimes réflexes, votre subsconcient a provoqué la giration du pendule.

°
° °

Vous pouvez donc convenir et vous dire :

– Je cherche ceci et quand je serai au-dessus ou tout contre mon pendule girera dans tel sens (on convient ordinairement du sens des aiguilles d'une montre).

C'est la *convention mentale.*

Vous pourriez aussi bien *converser avec votre pendule* (avec vous-même, avec votre subsconcient) et vous demander :

– Quel mouvement feras-tu quand je serai tout près de (au-dessus ou tout contre) la chose que je cherche ?

Vous verrez votre pendule accomplir un mouvement, et quand il répétera ce mouvement, vous aurez trouvé ce que vous cherchiez.

C'est l'*interrogation mentale.*

°
° °

Si vous cherchez une substance (de l'eau par exemple) vous pouvez prendre un échantillon (un petit flacon d'eau), bien observer les mouvements que fait votre pendule (ou votre baguette) au-dessus de cet échantillon et, quand il répète les mêmes mouvements, en déduire que vous êtes arrivé au résultat recherché.

C'est la *méthode des témoins.*

°
° °

Certains radiesthésistes vont plus loin. Ils disent : Puisque les rayonnements de tout traversent tout, tout objet peut servir de *témoin universel.* Et c'est vrai.

Supposons qu'on me demande de chercher une personne disparue, dont je n'ai pas de témoin. Or, je sais que cette personne émet des rayonnements qui me traversent et qui traversent tout, partout. Aussi bien cette gomme qui se trouve là, sur ma table. Je puis donc prendre cette gomme, *désirer* qu'elle me serve de témoin de telle personne X, dont les rayonnements traversent la gomme, et puis voir quels mouvements mon pendule fait sur le témoin de X qu'est devenu ma gomme. Quand le pendule répètera le même mouvement, par exemple sur une carte géographique, j'aurai trouvé l'endroit où se trouve la personne disparue.

C'est un témoin universel (M. Émile Christophe appelle cela la *convention des ondes* et c'est bien cela).

– –

Pour chercher à distance on se sert d'une carte géographique : la carte est un *témoin* (conventionnel) du terrain.

Dans le même ordre d'idée, on peut chercher sur une planche anatomique, et ausculter une personne présente (la planche anatomique forme *témoin* de son corps, de ses organes). On peut avec la même planche anatomique ausculter une personne absente, si l'on en a, comme témoin, une photo, une mèche de cheveux, etc.

°

° °

Quand vous vous posez une question, à laquelle le pendule doit répondre par *oui* ou par *non*, vous pouvez écrire la question et vous servir de la question écrite comme d'un témoin de ce que vous cherchez.

C'est le *témoin-mot/s.*

Vous pouvez vous servir de *témoin-mot/s* pour chercher tout ce qui vous intéresse : c'est très pratique.

Au lieu de prendre un flacon d'eau pour chercher de l'eau, vous pouvez donc utiliser un petit carré de papier sur lequel vous avez écrit le mot *eau (en pensant bien à ce que vous écriviez pour concentrer dans ce papier les rayonnements qui vous parviennent de l'eau).*

Retenez donc bien que

vous pouvez faire avec votre pendule ou avec votre baguette des conventions mentales :

1) convenir que la baguette ou le pendule fera tel mouvement pour signifier tel résultat;

2) vous pouvez converser avec votre baguette ou votre pendule et demander : Quel mouvement feras-tu quand le résultat sera atteint ?

3) vous pouvez voir quel mouvement fait le pendule ou la baguette sur un échantillon de ce que vous cherchez;

4) vous pouvez prendre un objet quelconque comme témoin universel et le considérer comme témoin de ce que vous cherchez;

5) vous servir de cartes géographiques comme témoins des régions; de planches anatomiques comme témoins du corps humain, de photos comme témoins de personnes;

6) et rappelez-vous que les mots, écrits avec intention, sont de bons témoins.

III

Première application pratique
Choix d'un pendule

Le pendule étant plus facile à apprendre que la baguette, nous ne nous occuperons plus que du pendule dans ce manuel d’initiation.

Pour vos premiers pas, vous pouvez adopter un pendule de fortune, que vous ferez aisément vous-même à l’aide de ce que vous avez sous la main :

1) Une bague (alliance) au bout d’un cheveu long de 5 cm environ;

2) Un petit flacon vide au bout d'une ficelle fixée au bouchon (ici, une éprouvette);

3) Une balle de ping-pong collée à un fil;

4) Une pendeloque de verre (d’un vieux lustre) au bout d’un fil;

5) Une aiguille enfillée traversant un bouchon;

6) Une petite clef au bout d'un cordonnet;

7) Un fil à plomb de dessinateur, à chaînette de 5 cm environ (non représenté ici).

Dès que vous aurez fait vos premiers pas, vous pourrez acheter un pendule tout fait, dans une maison spécialisée. Si vous vous êtes aperçu que vous étiez très sensible, vous le choisirez alors *assez lourd* (20 à 60 grammes). Si vous êtes peu sensible, vous le préférerez *très léger* (2 à 15 grammes).

Pour vos premiers pas, un pendule de fortune suffit. Toute masse au bout d'un fil quelconque (ou d'une chaînette) peut former un pendule.

Démarrez avec un pendule léger dont la longueur de la suspension fait environ 5 centimètres. Si cette suspension est plus longue, retenez l'excédent au creux de votre main avec les 3 doigts inutilisés.

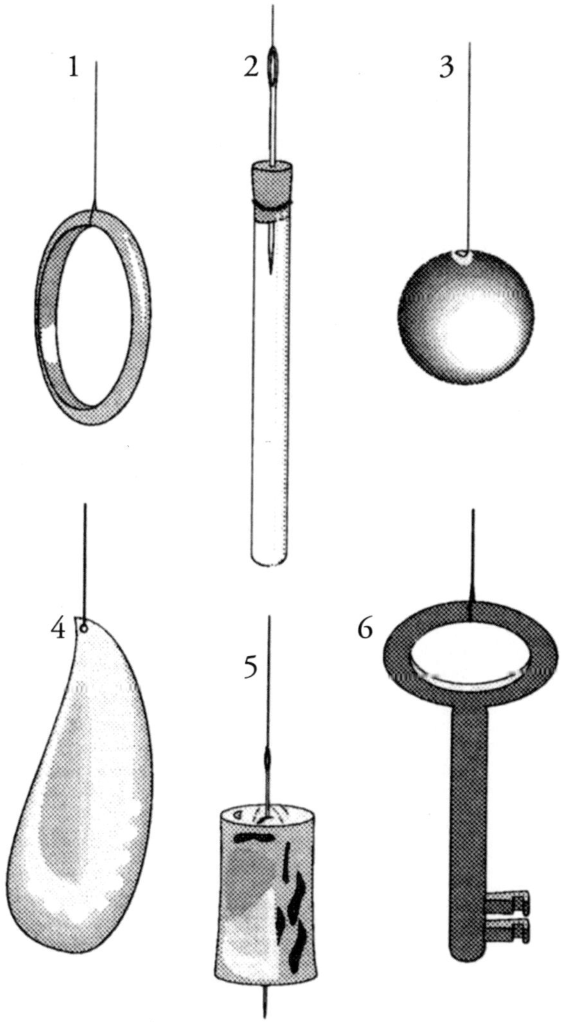

Figure 2

IV

Tenue du pendule

Premiers exercices d'assouplissement de la main et du poignet

Le pendule doit se tenir comme suit :

– de la main droite (main gauche, si vous êtes gaucher);

– légèrement, main et poignet restent très souples, bras écarté normalement du corps;

– entre le pouce et l'index sans raideur;

– les autres doigts légèrement écartés.

La longueur du fil de suspension doit être comprise entre 3 à 10 cm. Une longueur de 5 cm convient fort bien.

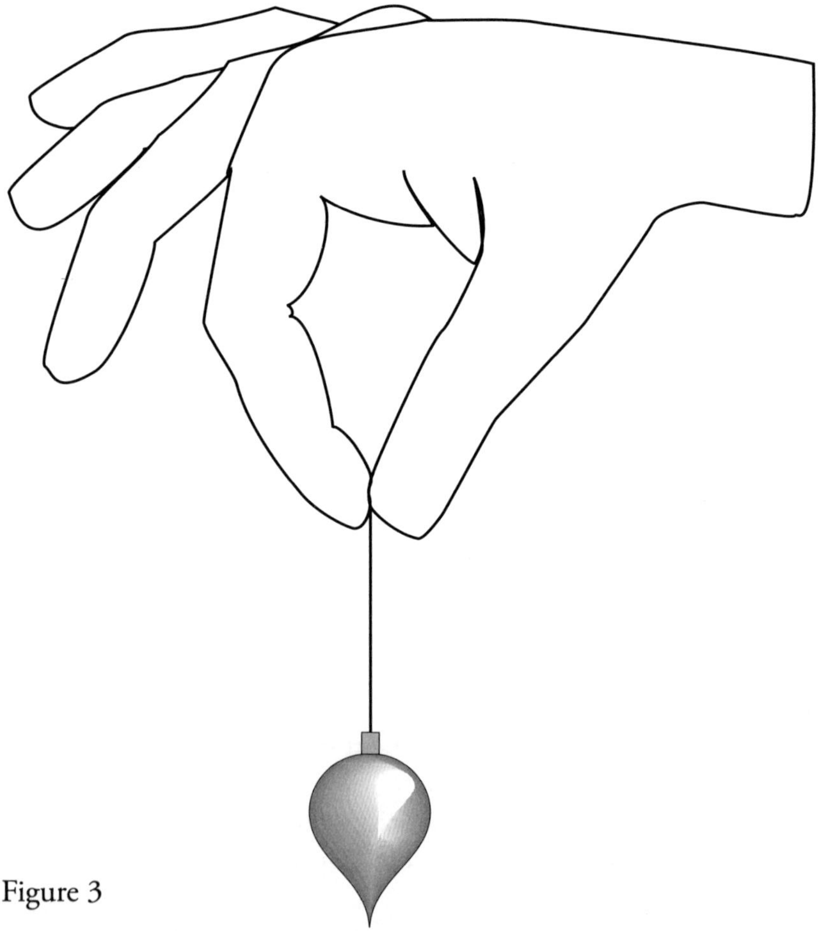

Figure 3

Lorsqu'on se sert d'un témoin, on prend ce témoin dans la main restée libre.

°

° °

Toute la difficulté, pour un débutant consiste à bien apprendre, une fois pour toutes, à tenir le pendule de la façon dessinée ci-contre pour arriver à faire ce geste automatiquement, sans plus devoir y réfléchir. Car vous comprenez que si vous devez, au cours d'une recherche, penser à trente-six choses et notamment à votre main, tout ira de travers !

Exercices

1) Exercez-vous donc tout d'abord à faire ce geste sans *pendule*, c'est à dire : prenez la position *tout à fait correcte et tenez un pendule imaginaire.*

Allez et venez, marchez lentement dans la pièce où vous faites cet exercice, toujours sans pendule (geste correct mais pendule imaginaire).

2) Quand vous avez fait cela pendant au moins dix minutes, faites, tout en conservant le geste (doigts écartés), tourner votre poi-

gnet en vous imaginant que vous tenez une cuillère à café fantôme et que vous mélangez un sucre invisible dans une aussi invisible tasse de café :

– 20 fois dans le sens des aiguilles d'une montre;
– 20 fois dans le sens inverse.

3) Imaginez-vous de nouveau que vous tenez un pendule fantôme (surtout ne le prenez pas en main) et en conservant le geste correct reprenez les allées et venues dans votre appartement. Faites de petits pas, restez souple, ne vous crispez pas.

4) À présent prenez votre pendule en main, vérifiez bien la position correcte et recommencez à aller et venir. Bref, marchez en tenant le pendule à la main. Ne faites aucune attention au pendule même et ne vous souciez pas de savoir s'il bouge ou non.

Retenez donc bien que

pour apprendre une fois pour toutes à tenir votre pendule dans la position correcte, vous devez d'abord vous entraîner à faire le geste tout en allant et venant avec un pendule imaginaire.

V

Exercices de la main pour obtenir finalement des mouvements du pendule

Les exercices qui précèdent vous ont appris la *position correcte.*

À présent, il s'agit de démarrer : c'est facile !

Les exercices qui vont suivre ne constituent pas encore de la radiesthésie, mais ils ont pour but de provoquer *finalement* – et *fatalement* –, même chez les personnes les plus réfractaires, des mouvements du pendule.

o

o o

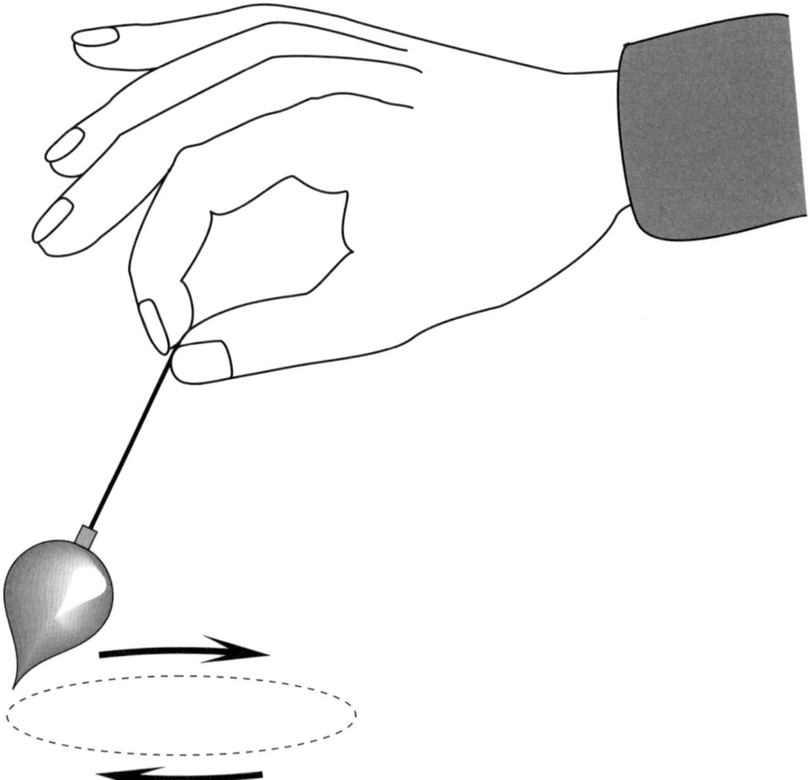

Figure 4

Premiers pas

Premier exercice

Tenez votre pendule de la façon correcte, voir chapitre IV.

Debout, très calme, faites tourner votre pendule *volontairement* dans le sens des aiguilles d'une montre tel que le démontre la figure ci-contre.

Volontairement, c'est-à-dire en faisant, pour obtenir ce mouvement, tous les gestes de main qui vous seront nécessaires, c'est-à-dire comme le décrit l'exercice 2 aux pages 33 (cuillère fantôme).

Faites tourner le pendule lentement, ne le laissez pas s'emballer. Respectez bien le mouvement des aiguilles d'une montre comme l'indique la figure 4 ci-contre.

Continuant toujours à le faire tourner, reportez petit à petit votre attention de la main sur le pendule. N'arrêtez pas votre main, qui peut continuer à faire des gestes, mais laissez votre regard se prendre à la giration du pendule, et *désirez* que cette giration se continue. Ne faites plus attention qu'à la giration du pendule.

Il va arriver ceci : la main va passer de votre contrôle conscient, qui agit par gestes, au contrôle inconscient, qui agit par réflexes. Votre main va donc, d'elle-même, continuer à faire tourner le pendule (parce que vous le désirez) mais sans tous les gestes volontaires, uniquement par mouvements réflexes.

Recommencez de nombreuses fois cet exercice, toujours en débutant par des mouvements volontaires, puis en reportant votre attention uniquement sur le pendule, pour vous apercevoir que finalement le pendule tourne, chez vous aussi, uniquement par des réflexes imperceptibles.

Recommencez dix fois, vingt fois. Familiarisez-vous avec cette sensation d'un pendule qui tourne au bout des doigts, sans que l'on fasse pour cela des gestes conscients.

Deuxième exercice

Familiarisé avec cette sensation, ne lui trouvant plus rien de bizarre, recommencez, mais cette fois dans le sens inverse des aiguilles d'une montre, comme l'indique la figure 5 ci-contre.

Gestes *volontaires* pour amener le pendule à tourner à l'envers des aiguilles d'une montre, puis, petit à petit, report de l'attention sur le pendule, en désirant que la giration continue, pour arriver à voir le pendule tourner uniquement de cette façon par mouvements réflexes.

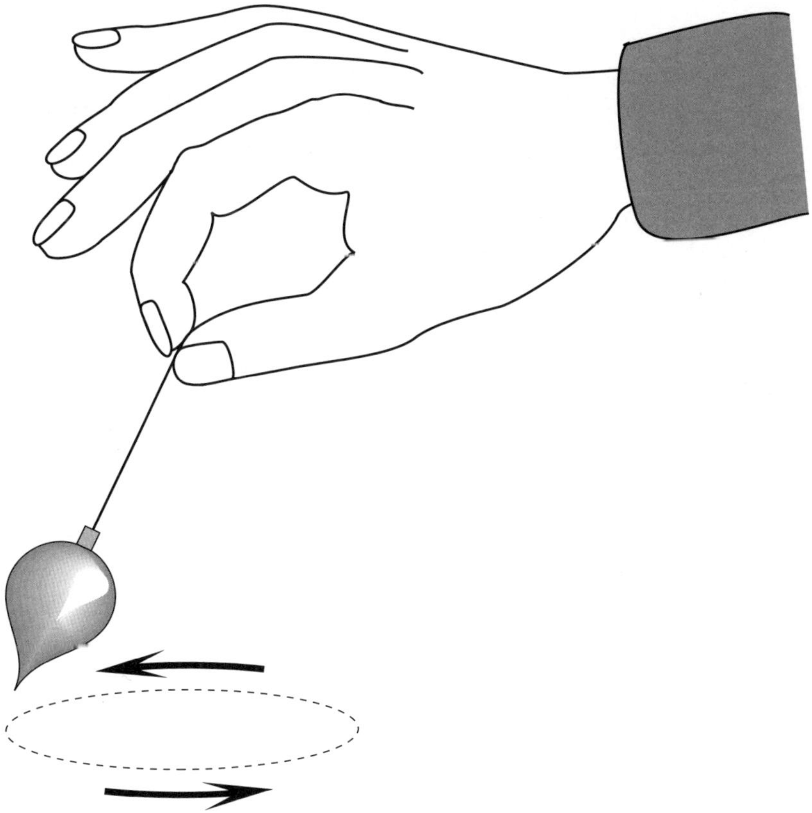

Figure 5

Troisième exercice

À présent faites balancer volontairement le pendule d'avant en arrière et vice-versa, comme l'indique la figure 6 ci-contre.

Quand votre pendule oscille de cette manière par gestes volontaires d'une façon lente et régulière, reportez votre attention sur le pendule en désirant tout simplement que cette oscillation s'entretienne. Vous allez voir encore cette fois le pendule se balancer uniquement par mouvements réflexes.

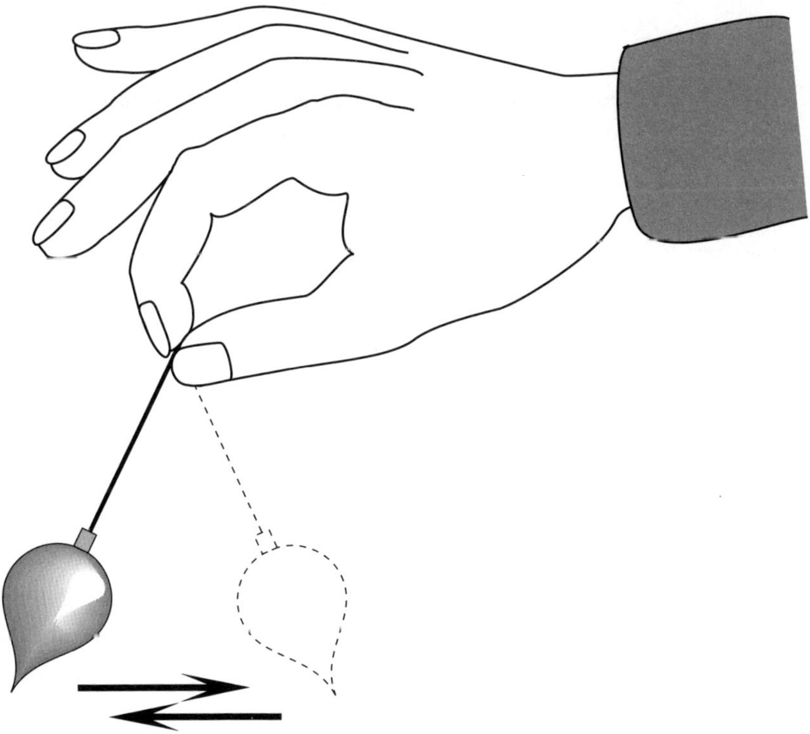

Figure 6

Quatrième exercice

Recommencez de même avec le mouvement d'oscillation gauche-droite, gauche-droite, comme l'indiquent les figures ci-contre.

Gestes volontaires pour commencer, report ensuite de l'attention sur le pendule en désirant que l'oscillation se continue. Constater finalement que le pendule oscille tout seul.

o

o o

Quand vous aurez fait dix fois, vingt fois, plus même, chacun de ces exercices, le pendule tournera régulièrement chez vous par mouvements réflexes; les réflexes une fois déclenchés se chargeront seuls de la besogne à l'avenir. Au bout de quelques jours votre pendule réagira spontanément à certains rayonnements, votre sensibilité s'affinera aussi. De telle sorte que vous serez déjà à même de réussir quelques expériences intéressantes, et qu'avec un peu de pratique de ces expériences vous entrerez sans vous en douter dans la radiesthésie vraie.

Vous n'aurez plus à faire mouvoir volontairement le pendule.

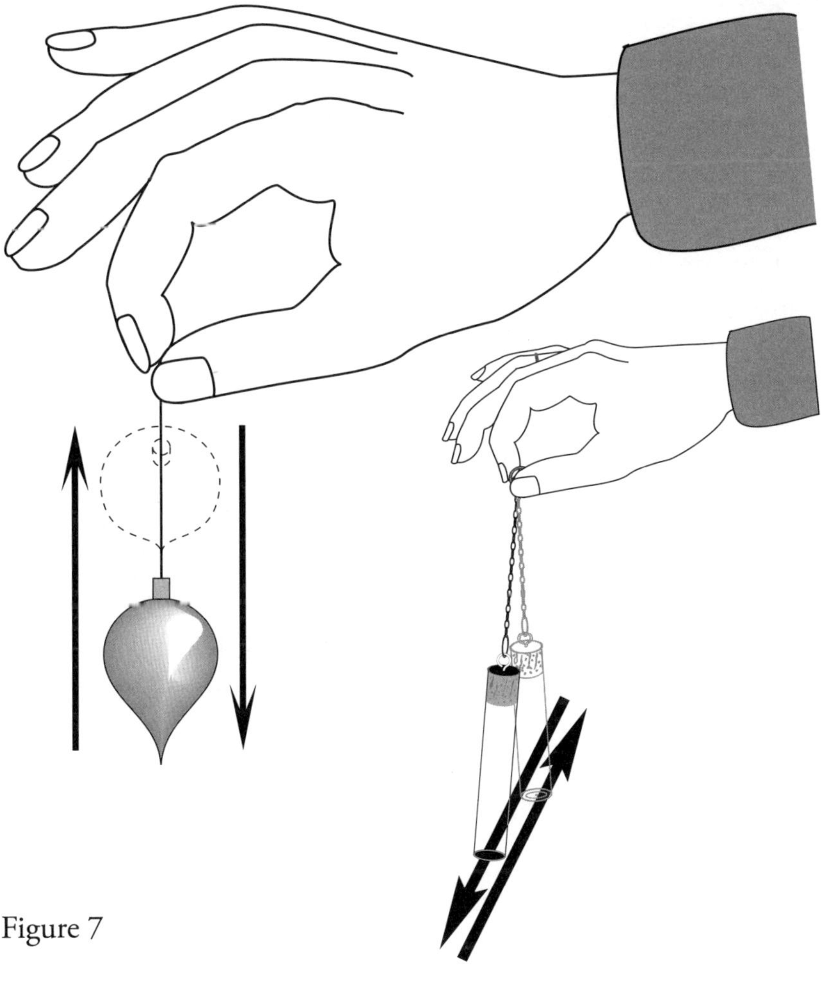

Figure 7

De toute façon, vous pouvez reprendre parfois ces exercices, qui constituent, eux aussi, un bon assouplissement de la main et du poignet.

Quelques expériences

Présentez votre pendule à quelques millimètres au-dessus du centre de la figure 8. Tenez toujours votre pendule de façon correcte, mais ne vous occupez plus de votre main.

Bornez-vous à regarder la spirale, et ne pensez à rien de spécial, si ce n'est au désir d'être sensible à l'influence du dessin (ondes de forme[9]). Vous verrez bientôt votre pendule se mettre à tourner de lui-même dans le sens des aiguilles d'une montre, sens de la spirale du dessin.

Procédez de même avec la figure 9 : pendule tenu correctement à quelques millimètres au-dessus du centre de la spirale. Votre pendule ne tardera pas à tourner dans le sens du dessin, sens inverse des aiguilles d'une montre.

9 – *Ondes de forme et énergies* - © Éditions Servranx - Bruxelles.

Figure 8

Figure 9

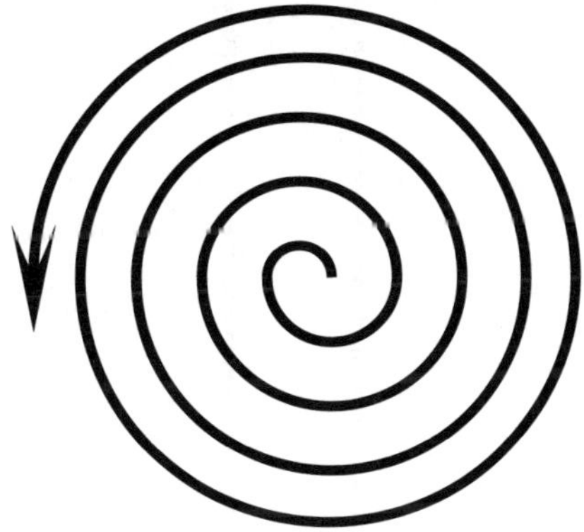

Procédez de même au-dessus des figures 10 et 11. Chaque fois, vous allez voir votre pendule osciller dans le sens du dessin.

Figures 10 et 11

Présentez maintenant le pendule au-dessus du centre de la figure 12, sans penser à rien de spécial. Votre pendule restera figé, et c'est signe que tout se passe correctement car l'arrêt du pendule comme nous le verrons plus tard, est un mouvement caractéristique.

Tenant toujours votre pendule de la façon correcte à quelques millimètres au-dessus du centre de la figure 12 (où le pendule s'est immobilisé) commencez à penser à du beurre. Vous allez voir votre pendule se mettre à osciller, par exemple gauche-droite, suivant les branches latérales[10] du dessin. Le mouvement peut varier suivant l'opérateur, mais il est constant à un moment et pour un corps donné chez le même opérateur.

Pensez à de la margarine : votre pendule va faire un autre mouvement; par exemple, osciller avant-arrière, suivant les branches principales[11] du dessin.

Tendez l'index gauche en direction du beurre que la ménagère vient de rapporter, et voyez quel est le mouvement que votre pendule répète au-dessus du dessin. S'il répète celui du beurre, le beurre est pur; s'il répète le mouvement de la margarine, ce n'est pas du beurre, c'est de la margarine. Peut-être adoptera-t-il un mouvement intermédiaire, une diagonale. Voyez s'il répète la même diagonale lorsque vous pensez à un mélange de beurre et de margarine, ou à du saindoux mélangé avec du beurre… Vous finirez par savoir exactement si votre beurre est pur, ou s'il est mélangé, et avec quoi.

10 – Branches horizontales.
11 – Branches longitudinales.

Inutile de vous dire que si vous trouvez que votre beurre est frelaté, il ne faut pas vous précipiter chez le marchand pour protester... la radiesthésie n'est pas encore officiellement admise à titre de preuve. Mais vous êtes averti, et vous pouvez changer de fournisseur, et essayer le beurre venant d'un autre magasin.

Pensez à du cuir : votre pendule tenu au-dessus du centre de la figure 12 oscillera gauche-droite (ou fera un tout autre mouvement); pensez à une imitation de cuir, votre pendule oscillera suivant l'une des diagonales (ou autrement, mais les deux mouvements seront distincts).

Ce dessin est ce qu'on appelle un séparateur de rayonnements.

Il peut vous arriver d'avoir à débrouiller une alternative : est-ce ceci ou cela ?

Ce portefeuille est-il en cuir ou en imitation ? Voyez les mouvements de votre pendule pour le cuir... pour l'imitation... Puis, tendant l'index de la main gauche en direction du portefeuille (ou tenant ce portefeuille en main gauche), voyez le mouvement que répète votre pendule au-dessus du dessin : mouvement du cuir ou mouvement de l'imitation.

Je pense à de la soie naturelle : mon pendule oscille gauche-droite; je pense à de la rayonne : mon pendule toujours tenu au-dessus du centre de la figure 12, oscille suivant une diagonale; je pense à

Figure 12

un mélange de soie et de rayonne : mon pendule oscille avant-arrière. Je pointe alors l'index de la main gauche en direction d'une cravate, mon pendule répète le mouvement de la soie naturelle. Je recommence avec une autre cravate, mon pendule oscille avant-arrière : ce n'est qu'un mélange de soie et de rayonne.

Je viens d'acheter une paire de draps de lit; est-ce du lin, du coton, ou un mélange de lin et de coton ? Je le saurai de cette façon.

°
° °

Faites quelques recherches simples

Par les procédés que vous venez d'apprendre, tentez quelques petites recherches simples. Ne vous frappez pas si vous *ratez*. Pour l'instant, vous vous entraînez et l'exercice vous profite, même si vous vous trompez.

VI

Adoptez un code pratique pour interpréter les mouvements du pendule

La pratique vous démontrera :

1) Que votre pendule réagit exactement comme vous croyez qu'il doit réagir. Par exemple : vous cherchez de l'eau et vous croyez que lorsque votre pendule aura trouvé de l'eau, il doit se mettre à girer dans le sens des aiguilles d'une montre. Eh bien, votre pendule fera ce mouvement au-dessus de l'eau. Si vous lisez un ouvrage où l'on dit que le pendule tourne dans le sens positif sur les corps positifs, et dans le sens négatif sur les corps négatifs, vous verrez effectivement tourner votre pendule de ces deux façons. Si vous ne faites pas attention à la polarité, et si, comme nous, les auteurs ont soin de ne pas vous embrouiller avec ces détails, vous ne constaterez aucune différence entre les corps positifs ou négatifs; sauf si vous cherchez délibérément les différences de polarité.

2) La pratique vous démontrera que vous pouvez faire avec votre pendule ou plus exactement avec votre inconscient, toutes les conventions qui vous sont nécessaires pour obtenir des indications précises de votre pendule.

Par exemple, cherchant de l'eau sans témoin, vous pouvez vous dire : Je désire que mon pendule tourne dans le sens des aiguilles d'une montre, comme si j'avais un témoin, quand je serai arrivé exactement au-dessus de l'eau, et uniquement dans ce cas. Et tout se passera comme vous l'aurez désiré.

3) Vous pouvez aussi, avant une recherche, vous demander : Quel mouvement fera le pendule lorsque le résultat sera atteint ? Vous verrez votre pendule faire un mouvement bien déterminé. Lorsqu'il répétera ce mouvement au cours de la recherche, le résultat sera atteint.

Vous avez à déterminer le sexe des œufs. Faites une convention : par exemple, oscillation pour un mâle, giration pour une femelle et arrêt du pendule si l'œuf n'est pas fécondé. Vous pouvez aussi bien demander quels mouvements fera votre pendule pour : 1) œuf mâle; 2) œuf femelle; 3) œuf non fécondé.

Chacune de ces méthodes est valable et donne les mêmes résultats. On peut adopter l'une ou l'autre; il n'est évidemment pas possible de mélanger les trois.

Ceci doit vous être une preuve que les mouvements du pendule, de tous les pendules, avec n'importe quelle méthode, sont conventionnels.

Les mouvements du pendule, nous l'avons vu, sont dus à deux causes bien réelles, les influences externes, et les réflexes inconscients. Par conséquent le pendule doit se mouvoir en dehors de toute suggestion. Mais le sens dans lequel il tournera ou oscillera... la transformation du mouvement initial en un mouvement significatif, cela, c'est l'affaire de l'inconscient[12].

Le mieux est donc d'adopter un code de mouvements simple et invariable, et qui, tout en étant simple, tiendra compte :

– de la plupart des cas particuliers qui peuvent se rencontrer dans la pratique;

– des principales causes de rayonnement qui peuvent agir sur nous, même lorsque nous ne les cherchons pas.

o

o o

12 – "Le sens dans lequel il tournera ou oscillera" est affaire de convention mentale et de perception subconsciente des rayonnements qui nous intéressent. La transformation d'un mouvement initial en un mouvement significatif relève des mêmes conventions mentales et des mêmes perceptions. Quant au mouvement intermédiaire entre le mouvement le précédant et dit initial, soi-disant sans signification, et le mouvement suivant, dit significatif, nous n'y voyons qu'affaire de mécanique.

Les mouvements du pendule

Retenez bien ces quatre mouvements significatifs.

Oscillation de direction

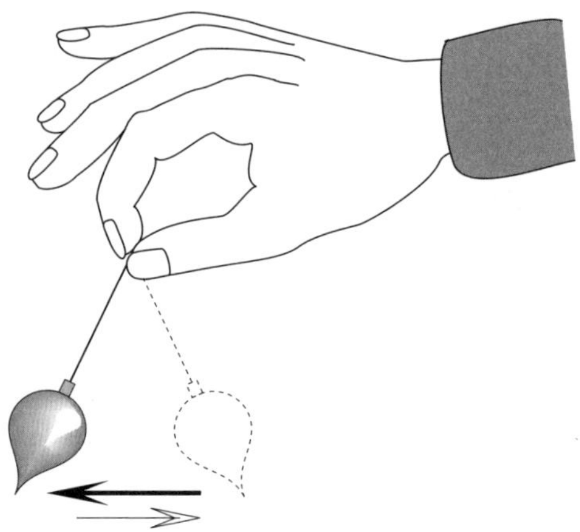

Figure 13 - Mouvement n° 1

Le pendule tire plus fort dans un sens que dans l'autre. Nous n'avons qu'à diriger la main ou nous porter dans la direction indiquée par le pendule (le sens dans lequel il tire le plus fort). Si nous nous écartons de cette direction, le pendule insiste sur la bonne direction à prendre. Avec un peu d'exercice, il n'y a pas à s'y tromper.

L'oscillation marque encore la neutralité, l'indifférence. Le pendule oscille au-dessus d'un aliment qui n'est ni bon, ni mauvais, qui est neutre.

Giration dans le sens des aiguilles d'une montre

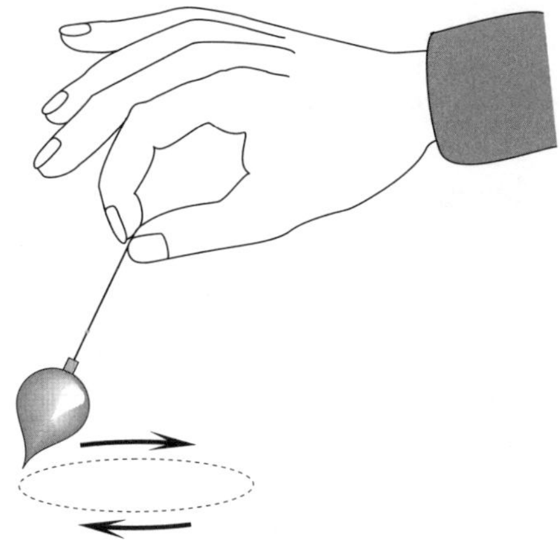

Figure 14 - Mouvement n° 2

Nous avons vu que cette giration est celle qui s'obtient sur le corps cherché, notamment lorsque nous nous servons d'un témoin que nous tenons alors dans la main libre.

Par extension, cette giration se fera toujours lorsque nous serons à l'aplomb[13], c'est-à-dire arrivé juste au-dessus, ou lorsque nous serons tout contre l'emplacement de l'objet (exemple : un objet dans une armoire – il ne sera pas nécessaire de grimper sur l'armoire pour obtenir la giration sens direct, le pendule tournera sens direct lorsque nous serons tout contre l'armoire).

13 – Exprime un état d'équilibre impropre avec le sens du texte : ici, "au-dessus".

Cette giration marquera toujours le résultat favorable de la recherche.

Par extension encore elle se fera sur ce qui est bon.

Des aliments favorables feront tourner notre pendule dans le sens direct des aiguilles d'une montre. Plus ces girations auront d'amplitude, meilleurs seront les aliments. Un médecin auscultant un malade au pendule, verra le pendule tourner dans le sens des aiguilles d'une montre (sens direct) au-dessus des remèdes qui conviennent.

Giration dans le sens inverse des aiguilles d'une montre

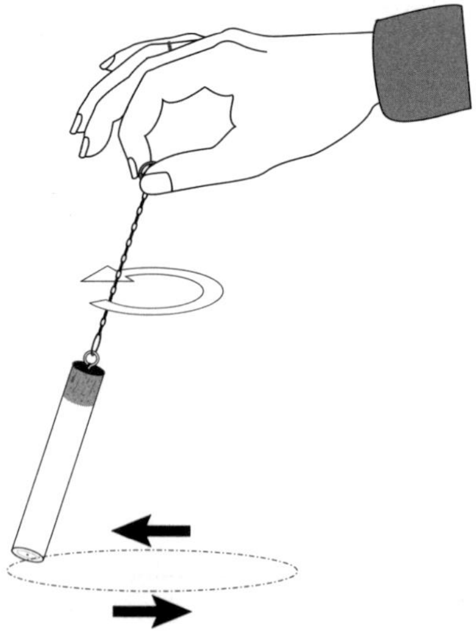

Figure 15
Mouvement
n° 3

Si l'on a le choix entre plusieurs aliments, entre plusieurs remèdes, le meilleur sera celui qui fera tourner le pendule sens direct des aiguilles d'une montre avec le plus de force (avec la plus grande amplitude).

Cette giration se fera lorsque nous serons sous *l'objet cherché.*

Nous avons égaré notre clef. Le pendule nous indique une direction. Nous la suivons et à un endroit déterminé le pendule gire sens inverse des aiguilles d'une montre. Il n'indique aucune direction. L'objet n'est pas en-dessous, sans quoi le pendule girerait sens direct. Or, il tourne sens inverse. Donc l'objet est là, mais au-dessus (nous sommes au-dessous de l'objet cherché). Allons voir à l'étage au même emplacement.

La giration sens inverse se produit aussi lorsque nous croisons un rayonnement de l'objet cherché, ou lorsque nous entrons dans le champ de la chose cherchée.

Par extension, cette giration se fera sur ce qui n'est pas bon. Le pendule girera sens inverse des aiguilles d'une montre sur les aliments défavorables. Il girera sens inverse des aiguilles d'une montre sur les organes malades. Le témoin d'une maladie ou d'un microbe cause d'une maladie fera également girer le pendule sens inverse des aiguilles d'une montre.

Le pendule s'immobilise

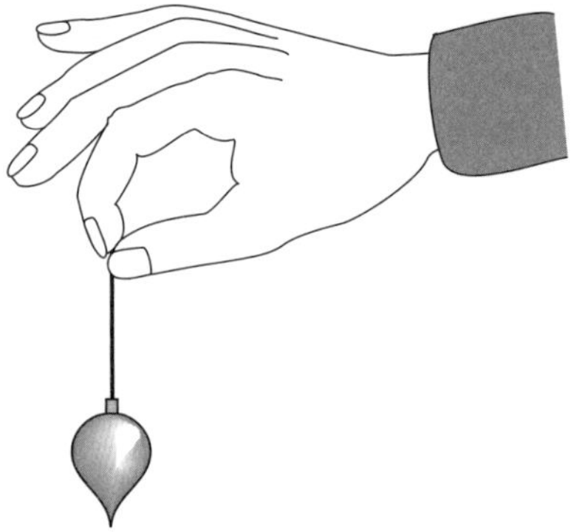

Figure 16 – Mouvement n° 4

Un objet, un être vivant, une énergie, une source de rayonnements, un corps quelconque laissent des traces sur lesquelles le pendule s'immobilise.

Comme les traces irradient tout à fait comme les choses dont elles émanent, ces traces attireront toujours plus ou moins l'attention de notre inconscient. Nous risquons une erreur.

Si cela se produit, le pendule s'immobilisera lorsque nous serons arrivés au-dessus d'une trace fluidique du corps que nous cherchons. Si le corps cherché est plus loin, après un moment d'immobilité, il nous indiquera la nouvelle direction à suivre.

Si notre pendule reste immobile, c'est que l'objet cherché n'existe plus sous la forme où nous le cherchons.

C'est le cas de nombreux trésors, enlevés et dépensés depuis longtemps ! Si nous cherchons un trésor qui n'existe plus, notre pendule nous conduira à la cachette où ce trésor a subsisté en dernier lieu, et là, il s'immobilisera au lieu de tourner. Ce que nous cherchons n'existe plus, il n'y a aucune nouvelle direction à suivre.

Les mouvements de transition

Pour passer d'une oscillation à une giration, ou inversement, le pendule opère souvent par transformation de mouvements, c'est-à-dire qu'il dessine quelques ellipses ou quelques mouvements en forme de *8*. Ce sont des mouvements de transition sans signification propre; il faut attendre le mouvement significatif qui suit.

Absence de mouvement

Si nous sommes très fatigué ou en mauvaise santé, ou absorbé par des soucis, il se peut que notre pendule se refuse à tout mouvement. Ce phénomène est dû à l'inconscient qui empêche notre sensibilité de parvenir au pendule, qui éteint tous les mouvements de l'instrument. Nous ferions mieux de nous reposer un temps suffisant.

Il suffirait cependant, si nous devions absolument continuer notre recherche, de pratiquer quelques exercices de mouvements volontaires du pendule, comme expliqués dans le chapitre précédent. On arrive ainsi à surmonter l'inertie du pendule et bientôt on le voit reprendre ses mouvements normaux.

Entraînement

Quelques essais
Quelques recherches

Après avoir lu bien attentivement cette 6e partie, essayez de répéter quelques essais suggérés au cours des pages précédentes.

Familiarisez-vous avec la notion des *témoins* en cherchant le fer qui se trouve autour de vous, à l'aide d'une clef en fer (ou en acier dont vous ne considérez que le fer). Repérez avec grande exactitude l'emplacement des canalisations d'eau à l'aide d'un peu d'eau dans une petite bouteille.

Avec témoin de fer en main, cherchez parmi les différents aliments ceux qui contiennent des traces appréciables de fer. Efforcez-vous de vérifier ce que vous avez constaté à l'aide d'un bon dictionnaire.

Avec témoin sucre, cherchez aussi les aliments qui contiennent des traces appréciables de sucre. Généralement votre pendule sera attiré et puis immobilisé au-dessus des aliments qui ne contiennent que des *traces*.

Faites l'essai de quelques conventions mentales. Si vous avez chez vous un chien ou un chat (en l'absence de cet animal de la pièce où vous vous trouvez et ne sachant où il se trouve), demandez-vous s'il est à l'intérieur de la maison, ou au dehors ? Pour cela voyez quel mouvement votre pendule ferait dans chaque cas. Puis énoncez le nom de l'animal et voyez le mouvement que votre pendule répète. Concluez et vérifiez immédiatement. Vous pouvez faire cette expérience avec des personnes, vous efforcer de découvrir ainsi dans quelle pièce de la maison se trouve une personne absente du local où vous opérez. Commencez toujours par demander bien posément au pendule ce qu'il ferait si la personne est dans telle pièce… dans telle pièce… Puis posez la question définitive : Et dans quelle pièce est-elle ? Efforcez-vous de vérifier immédiatement. Si vous vous trompez, n'en faites pas un drame, désirez tout simplement réussir mieux à l'avenir. C'est par l'entraînement, par la répétition des exercices que vous affinerez votre sensibilité et que vous arriverez au succès constant. Pour le moment, vous vous entraînez, et c'est l'entraînement qui importe.

– –

À l'aide de petites parties de différents aliments, ou à l'aide de bouts de papier sur lesquels vous aurez écrit, en y pensant bien, des noms d'aliments, recherchez ceux qui vous conviennent, et ceux qui vous sont contre-indiqués. Ceux qui sont bons pour vous doivent faire tourner le pendule dans le sens des aiguilles d'une montre; ceux qui ne vous conviennent pas, doivent faire tourner le pendule à l'inverse; ceux qui sont neutres (ni bons, ni mauvais) doivent faire osciller le pendule. Vous aurez des surprises. Essayez avec les aliments que vous avez sous la main, avec le sucre, avec les épices (sel, poivre, moutarde, cannelle, etc.). D'après la force, l'amplitude des mouvements du pendule, tâchez d'apprécier les aliments et condiments très bons, ou très mauvais. Ayez dans la pensée l'idée de ces aliments en quantité normale. Si vous prenez un pot de moutarde comme témoin, vous devez avoir dans l'idée : cette moutarde, consommée en quantité normale, est-elle bonne ou mauvaise pour moi ? Il est bien certain que *tout* le pot de moutarde, pris en une fois, serait mauvais pour vous. Attachez-vous donc, provisoirement, à l'idée quantité normale.

Voyez s'il est possible de conformer votre régime à ces indications. Vous vous en trouveriez sans aucun doute fort bien.

Faites tous ces essais en y consacrant le temps nécessaire

Travaillez d'une façon calme et méthodique. Considérez-les comme sérieux et importants (c'est pour vous amener à les faire sérieusement que nous avons choisi le régime comme thème de l'entraînement). Toutes ces opérations vous amèneront à constater en pratique la plupart des mouvements du pendule. Vous aurez ainsi une bonne compréhension des différents mouvements que vous aurez à interpréter plus tard.

VII

Comptage

La prise des mesures est, en radiesthésie, pour une large part, une opération de l'inconscient.

Les corps nous envoient leurs rayonnements, avec toutes leurs caractéristiques. Le sens de l'écoulement, la vitesse, le poids, le débit, l'âge, les différentes mesures, la composition… tout cela est bien inscrit dans le rayonnement des corps (ou pour parler plus scientifiquement *modulé* dans ce rayonnement), mais d'une façon globale.

Ainsi, le dosage d'un vin est inscrit dans le rayonnement de ce vin, mais évidemment pas en degrés alcooliques : il s'y inscrit globalement. La température irradie, pas en degrés centigrades, ni en degrés Fahrenheit, mais globalement. Un poids donné n'irradie pas en kilogrammes, une distance n'irradie pas en mètres… C'est toujours notre inconscient qui est à même, par sa perception motrice, d'évaluer toutes ces mesures globalement et d'établir une comparaison avec l'étalon que nous lui proposons.

Voulez-vous traduire en mètres une distance connue de l'inconscient ?

L'inconscient vous traduira cette distance en mètres. Il peut aussi bien vous la traduire en décimètres ou en kilomètres, à votre gré. Il saisit la distance, et peut l'évaluer de la façon qui vous intéresse !

Attention ! À vos débuts, vous risquez des erreurs d'appréciation, comme dans les mesures faites à vue d'œil. *C'est l'entraînement seul qui vous donnera de la précision.*

D'autre part, vous pouvez demander en quelle mesure il vaudrait mieux compter. Exemple : cherchant de l'eau, vous voyez votre pendule osciller dans une direction. Mais vous vous demandez si, dans cette direction, c'est à quelques mètres, ou à des kilomètres ? Voulez-vous le savoir ?

Pendule en main, demandez-vous *lentement* s'il vaut mieux compter cette distance… en mètres… en décamètres… en hectomètres… Subitement votre pendule se met à girer dans le sens des aiguilles d'une montre. Comptez donc en hectomètres.

Pour cela, attendez que le pendule ait repris son immobilité. Puis lancez-le volontairement pour le faire girer dans le sens des aiguilles d'une montre, et comptez les tours que fait le pendule avant de s'arrêter… Un… deux… trois… quatre… Il s'arrête : 4 hectomètres, soit 400 mètres, voilà la distance *approximative* de l'eau dont le pendule vous avait indiqué la direction.

Premiers pas

°
° °

Plusieurs opérateurs éprouvent des difficultés à compter au pendule. Le nombre de tours ou de battements est *flou*; le pendule continue à tourner ou à osciller faiblement après le résultat, ce qui rend celui-ci un peu vague.

C'est pourquoi divers auteurs recommandent de se servir d'une règle* ou d'un disque.

Voici, à la page suivante, un disque très pratique pour la prise de n'importe quelle mesure.

Il suffira de le copier ou de le décalquer sur un gros carton blanc, pour avoir un instrument de mesure commode, parce que très simple et d'encombrement réduit.

Après avoir cherché au pendule l'étalon de mesure (savoir par exemple s'il faut compter en mètres, en décamètres ou en kilomètres…), on tiendra le pendule au-dessus du centre du disque. S'efforçant de rester passif, on désirera trouver le nombre cherché. On verra bientôt le pendule osciller en direction d'un point de la circonférence. Si l'on porte alors le pendule au-dessus de ce point, il sera facile d'obtenir le point tout à fait exact correspondant au nombre cherché.

---

* Voir la *Règle universelle Servranx* avec son manuel explicatif. ©Éditions Servranx, Bruxelles.

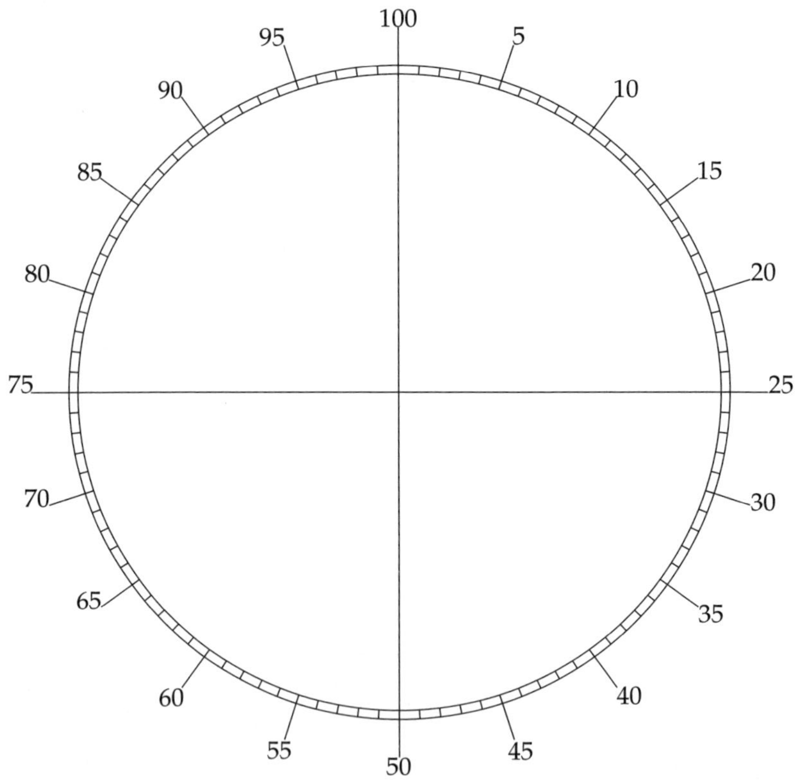

Figure 17

Exercices

1) Saisissez toutes les occasions qui se présentent de faire des mesures au pendule.

Calculez au pendule et à distance, la hauteur des chaises, des tables, des meubles, leur largeur, la dimension de leurs éléments et parties, leurs distances à vous, entre eux, etc. Faites chaque comptage méthodiquement, chaque expérience d'une façon complète.

Précisez bien ce que vous désirez (par exemple la hauteur réelle de telle chaise depuis le sol, jusqu'au point supérieur du dossier, etc.). Choisissez votre étalon de mesure, parfois en le fixant vous-même au jugé (telle mesure en décimètres, telle mesure en mètres, etc.) et parfois laissez le pendule vous donner l'étalon le plus exact. Comptez. Dès que vous avez un chiffre, demandez-vous si c'est celui-là. Éventuellement, voyez si ce n'est pas un de plus ou un de moins (votre pendule vous le dira). Attendez bien d'avoir obtenu un chiffre précis. Quand vous penserez l'avoir obtenu, vérifiez immédiatement avec un mètre. C'est par l'exercice répété, et contrôlé après chaque essai, que vous arriverez à la précision.

2) Lorsque vous maîtrisez bien le procédé de comptage, efforcez-vous de calculer, toujours à distance, la hauteur et les autres dimensions de petits objets, même très éloignés. Vérifiez chaque fois

immédiatement. Ne restez jamais dans l'incertitude. Si vous vous trompez, il faut le savoir tout de suite, pour que votre inconscient puisse apprécier par ses propres voies pourquoi il y a erreur, ce qui lui permettra de mieux faire la fois suivante. Votre inconscient doit apprendre la précision.

3) Si vous disposez d'une petite balance (un pèse-lettre suffira) entraînez-vous aussi à évaluer le poids de petits objets (pièces de monnaie, canif, statuette, paquet de cigarettes, votre pendule lui-même, etc.).

o

o o

Avant de vous lancer dans des comptages sur inconnu total

Faites pendant quelques semaines des comptages sur connu[14] (recomptez 10 allumettes, 27 grains de café, etc.). Ceci, pour bien vous familiariser avec le procédé.

14 – De ce que vous avez déjà abordé d'une façon ou d'une autre par opposition à l'inconnu dont vous n'avez qu'une approche subconsciente.

VIII

Recherches sur plans, planches anatomiques, etc.

Cette partie, considérée comme si difficile en radiesthésie physique, traitée tout à la fin des manuels, est considérée par nous, mentalistes[15], comme une application ordinaire de la radiesthésie.

Mais certaines conditions sont indispensables :

– Il faut le plan, le plus grand possible, de la région la plus petite possible. Un plan de ville pour chercher quelque chose ou quelqu'un dans une ville, de région pour suivre les déplacements d'une personne en voyage. Au maximum, plan de pays. Si la recherche doit chevaucher plusieurs pays, on passera de carte en carte, d'un pays à l'autre. Ceci n'exclut pas formellement la carte générale ou planisphère, mais il ne faut s'en servir que pour dégrossir la recherche.

– Il faut orienter le plan au nord. Cette opération doit être faite avec le plus grand soin.

15 – Mentaliste : sans doute selon la philosophie hermétique dont le principe implique cette vérité que "Tout est esprit".

– Il faut placer *sous le plan* un papier noir, de la même dimension que le plan, ou un papier noir qui recouvre toute la table; dans ce dernier cas, il ne peut y avoir sur la table que le plan et le témoin. Ceci dit, pour *neutraliser* toutes les influences autres que celles du témoin et du plan, on peut remplacer le papier noir par du parchemin végétal (papier de boucherie), mais ici le papier noir vaut mieux.

– Ne commencez pas tout de suite votre recherche. Avant tout, regardez bien votre plan ou votre carte et situez bien dans votre esprit ses limites, ses principaux repères (cours d'eau, villes, etc.) ou, s'il s'agit d'une planche anatomique, les principales parties du corps (membres, organes, etc.). Bref, lisez tout d'abord votre carte ou votre plan pendant un certain temps et ne commencez votre recherche qu'après cette prise de contact.

– Après avoir dégrossi le travail à l'aide du pendule, prospectez minutieusement la zone finalement repérée à l'aide de la pointe d'un crayon noir tenu bien *verticalement* de la main gauche, votre pendule étant alors tenu au-dessus du témoin. Votre pendule girera bien rond sur le témoin quand la pointe sera sur l'emplacement réel.

– Ayez toujours bien à l'esprit le désir d'être sensible à la chose réelle.

– Ajoutez-y le désir d'être sensible à la chose réelle au moment où vous la cherchez.

Adoptez toujours un point de départ : l'endroit du plan où l'on a vu la personne pour la dernière fois; le point ou l'organe qui est douloureux, etc.

Si possible, contrôlez ou faites contrôler sur place vos recherches sur cartes et plans. Il ne sert à rien de faire beaucoup de recherches si elles ne sont pas contrôlées.

Vous pouvez chercher sur une coupe aussi bien que sur un plan.

Prenons l'exemple d'un point d'eau repéré par vous. Vous vous demandez à quelle profondeur l'eau se trouve. Prenez une feuille de papier blanc et tracez-y un trait vers le haut de la feuille. Ce trait, c'est la coupe de la surface du sol. Sur ce trait marquez un point : le point repéré par vous. Tracez à partir de ce point une échelle descendante, graduée en centimètres. Adoptez la convention mentale que chaque centimètre égal un mètre ou dix mètres, mais fixez un étalon de mesure (au besoin consultez votre pendule pour savoir quel étalon il vaut mieux adopter). Ceci fait, descendez lentement le long de l'échelle à l'aide de votre pendule, ou encore avec un crayon noir tenu verticalement de la main gauche, tandis que le pendule serait alors tenu au-dessus du témoin. Votre pendule tournera sens direct à la profondeur exacte. Descendez encore pour avoir le fond de l'eau. Au besoin divisez en dixièmes la zone repérée pour avoir une profondeur bien précise.

La coupe d'une maison peut vous aider à retrouver un objet perdu à un étage de cette maison.

Le débutant demandera peut-être, lorsqu'il utilise une coupe, s'il doit la disposer verticalement. Nous dirons que ce n'est pas nécessaire. On peut très bien placer la coupe (qui représente par définition une verticale) dans le sens horizontal, c'est-à-dire à plat. L'*orientation* d'une coupe est indifférente.

Pour chercher sur planche anatomique, il est bon de placer la planche tête au nord, pieds au sud. Soi-même on se tiendra au sud, tourné vers le nord (on aura la planche devant soi).

Parfois, pour débrouiller une question, pour éviter une cause d'erreur, nous ferions bien de faire esquisser par le pendule le tracé ou le contour exact d'une zone ou d'une région. Le pendule peut aider à dessiner; il peut donc aussi aider à tracer un plan.

Par exemple, vous demandez au pendule de vous tracer le contour d'une ville où vous n'êtes jamais allé. Le pendule vous indiquera point après point, plus ou moins espacés, le contour cherché. Lorsque vous avez bien ce contour dans l'œil, vous le tracez vous-même au crayon et vous cherchez après au pendule ce que vous avez mal tracé. Vous rectifiez. Suivant votre désir, vous pourrez obtenir ensuite le tracé du cours d'eau principal, s'il y en a un qui coupe la ville, les voies de chemin de fer, l'église principale, la rue où se trouve un ami éloigné. Mais il faut procéder très méthodiquement.

Pour faciliter le travail, on peut se servir de papier quadrillé ou d'une série de cercles concentriques.

Il est certain qu'il serait fastidieux de tracer le plan complet d'une région. Mais ces dessins pendulaires peuvent être utiles pour approfondir un résultat. Un médecin se fera indiquer par le pendule la déformation d'un organe, un radiesthésiste calculera sur coupe la profondeur exacte d'un point d'eau. À la recherche d'un voleur, nous pourrons nous guider dans la ville où il a trouvé refuge, situer sa rue, et même sa maison et l'étage où il se tient.

o

o o

> Faites un petit plan de votre habitation et entraînez-vous à retrouver sur ce plan les allées et venues des personnes de votre entourage, le chat, le chien, les meubles, les objets, etc.

IX

Vous voilà radiesthésiste…
Ce n'était pas plus difficile que ça !

Vous voilà radiesthésiste. Sans doute, vous n'êtes pas encore très fort ! Mais vous pouvez, petit à petit, vous entraîner et vous enhardir.

Il n'est pas de circonstances, de votre vie quotidienne, aussi bien dans le privé qu'en famille, dans vos passe-temps comme dans votre profession, où vous ne puissiez obtenir des indications précieuses, des avantages certains, du maniement du pendule.

Citons à titre d'exemples terre à terre, et tout à fait courants de ce que peut la radiesthésie, deux petites recherches personnelles, effectuées entre tant d'autres, par nous-même et un peu à l'improviste. Elles n'ont rien de sensationnel; c'est précisément leur caractère *quotidien*, banal, qui vous intéressera :

Nous cherchions un jour le moyen de noircir de l'acier, de façon qu'il n'y ait pas de surépaisseur (ce qui excluait l'emploi de peinture) et que le noir résiste au frottement, au grattage tout en constituant une bonne protection courante contre la corrosion. Nous avions essayé les différentes formules des manuels d'atelier : noir à l'azotate d'argent, noir à l'huile... sans obtenir satisfaction, car tous les noirs que nous obtenions ainsi se laissaient rayer par l'ongle ou manquaient d'uniformité, portaient des taches bleues ou brunes. Il nous vint à l'idée de chercher une formule au pendule ! Nous n'avions pas, à cette époque, notion de ce que pouvait donner le pendule dans la prévision d'une formule de ce genre, – aussi est-ce sans grande confiance que nous faisions appel à la radiesthésie. Pour dire vrai, nous nous attendions plutôt à ce que le pendule nous désigne un manuel d'atelier ou un formulaire autre dans lequel nous aurions pu trouver une nouvelle recette... mais notre pendule nous *tira* au-dessus d'une tasse de café, qui à ce moment, fumait sur un coin de la table. Croyant à une erreur, nous recommençons notre recherche, qui donne le même résultat : le pendule s'obstine à tourner, bien rond, au-dessus de la tasse de café. Visiblement, le pendule nous indique que du café convient pour donner à l'acier un beau noir uniforme, résistant, anticorrosion, et qui ne fasse pas surépaisseur... Mais comment le mettre en œuvre ? Nous continuons à suivre le pendule qui nous désigne alors un morceau d'acier, et ensuite un fourneau allumé... Nous nous posons la question : chauffer l'acier au rouge, au rouge cerise, au blanc ? – Le pendule tourne lorsque nous en sommes à *blanc*... Par questions fractionnées nous finissons par déduire qu'il faut chauffer l'acier au blanc, puis le tremper immédiatement dans du café pur, très fort, très bouillant. Ainsi trouvé, ainsi fait : et notre morceau d'acier sortit d'un beau noir, uniforme et profond, noir qui ne se laissait pas entamer par l'ongle et qui par la suite, résista bien au frottement et à la corrosion. Nous avons souvent renouvelé l'expérience depuis, et toujours cette formule (qui ne figure dans aucun manuel et qui a été trouvée par le pendule) nous a donné le même bon résultat du premier coup. C'est une excellente formule pour noircir l'acier. Par curiosité, nous avons cherché ensuite une méthode rendant l'acier gris uniforme, et le pendule nous a indiqué de le tremper au lait évaporé (lait concentré sans sucre). À noter que nous ne sommes ni chimiste ni laborantin et que nous traitions cette recherche en *amateur*.

Un autre jour, nous constatons que de l'excellent tabac anglais se trouvant dans une boîte en fer moisit. Il sent le moisi et se couvre de taches blanches avec des points verts. Nous tirons notre pendule et, après avoir pris les influences de ce tabac, nous laissons notre pendule nous indiquer la substance qui peut vaincre cette moisissure. Le pendule nous en indique deux : du marbre (le marbre de la cheminée sur lequel il va tourner), puis, comme nous estimons que cela est peu pratique, du sucre. Nous nous proposons d'essayer le sucre et faisons préciser par le pendule comment il faut s'en servir. Le pendule indique de placer un morceau de sucre au fond de la boîte, sous le tabac. Ainsi fait, et après quelques jours, non seulement le tabac ne sentait plus le moisi, mais l'ancienne moisissure était partie ! Dès lors ce tabac s'est conservé parfaitement et a pu être consommé comme si rien ne s'était passé, longtemps après, sans plus moisir entre temps !

Voilà, entre quantité d'autres, deux recherches simples, réussies du premier coup. Il y a des légions de radiesthésistes; tous obtiennent, dans les domaines les plus divers, des résultats aussi probants, aussi amusants, aussi étonnants…

Vous pouvez réussir également bien. Chez vous, quelqu'un maniant le pendule peut rendre chaque jour de multiples services.

Comme le dit excellemment M. Maurice Dauphinois dans son petit livre *L'Art du Sourcier à la portée de tous*, en famille on a quotidiennement l'occasion d'utiliser le pendule. Il cite beaucoup d'exemples comme les suivants :

« Un enfant boude devant une omelette : le pendule dira s'il ne lui faut pas d'œuf; ou, entre plusieurs œufs, le pendule choisira ceux que l'enfant mangera avec plaisir et qui lui feront du bien.

« Une personne attend un bébé : le pendule dira si ce sera une fille ou un garçon.

« Un membre de la famille est absent : on aimerait savoir où il est, s'il est en bonne santé… le pendule le retrouvera même sur une carte ou sur un plan, et donnera toutes les nouvelles que l'on peut désirer ! Êtes-vous inquiet du sort de personnes disparues ou éloignées ? Le pendule retrouvera leur trace et vous tranquillisera ou vous fixera d'une façon précise à leur sujet !

« Ce jeune enfant est fatigué… des vers ? Le pendule vous le dira, et indiquera facilement le remède.

« Vous mangeriez volontiers de ceci ou de cela… le pendule dira si ceci ou cela vous fera du bien ou du mal, ou si ce sera neutre.

« Le beurre, le vin, le lait sont-ils purs ? Le pendule vérifiera. Est-ce bien du vin de 9° ? Le pendule contrôlera.

« Le chien, le chat sont-ils déjà rentrés dans la maison? Le pendule vous le dira ou vous conduira près d'eux. S'ils sont perdus, vous les retrouverez au pendule, même sur une carte géographique.

« Ce sac à main est-il en cuir ou en ersatz ? Question à laquelle répondra le pendule !

« À la ferme, le pendule donnera non seulement les points où il y a de l'eau, mais indiquera avec précision la profondeur, le débit, l'endroit où il faut creuser, si elle est buvable et même sa composition de l'eau… Le pendule dosera l'alimentation des animaux, les engrais, sélectionnera les graines et les plantes convenant au sol. En quelques secondes, le pendule vous indiquera les animaux mâles ou femelles, les bons œufs à couver, etc. Au rucher, le pendule indiquera la reine avec certitude. Le pendule dira si un terrier est occupé, il indiquera si les caves sont saines ou éventuellement les moyens de les assainir.

« Vous devez sortir… le pendule vous dira si quelqu'un d'important doit venir en votre absence; éventuellement il vous indiquera la meilleure heure pour faire votre course. Il vous dira, aussi facilement, s'il est utile ou non de prendre un parapluie ou un imperméable.

« Si quelqu'un est attendu, il vous dira si la personne est en route ou si elle a eu un empêchement, si elle a bien été touchée par l'invitation, si elle viendra seule ou accompagnée d'un homme ou d'une femme…

« Vous vous proposez de faire une promenade. Le pendule vous dira si le temps sera bon ou mauvais, si à l'endroit où vous vous rendez il fera beau, si vous trouverez facilement à vous loger. En cas d'affluence, il vous indiquera telle ou telle localité où vous trouverez de la place. Vous pratiquez le camping ? Le pendule vous indiquera le meilleur endroit pour monter votre tente. Vous désirez simplement un coin pour vous reposer ? Le pendule vous indiquera un endroit où vous ne serez pas gêné par les insectes, un endroit sec… Le pendule vous indiquera la direction de la ferme la plus proche, du cours d'eau le plus voisin, ou vous signalera la direction d'une curiosité.

« Est-ce tout ? Ce n'est qu'un début. À l'usine le pendule peut rendre autant de services. Il ausculte les métaux, les pièces, les soudures, les outils, les échantillons prélevés sur la fabrication. Il indique les vices cachés, les malfaçons, et donne, sur demande, le degré de résistance. Il analyse la pureté et donne la provenance. Grâce au pendule vous trouvez sans peine de nouveaux procédés d'atelier, qu'il vous est possible de tenir secrets pour vous créer une spécialité. Il sélectionnera directeurs, contremaîtres, chefs d'équipe, ouvriers les plus aptes !

« Dans le commerce le pendule permet tout d'abord de choisir employés, vendeurs, associés, collaborateurs. Il donne le moyen d'améliorer les articles ou de les conserver en meilleur état. Il indique ce qui ne plaira pas dans la présentation des emballages, et donne toutes indications subtiles pour améliorer ceux-ci. Entre plusieurs prix possibles, il indique avec précision le prix qui fera vendre parce que le chiffre plaira à la clientèle ! Dans le magasin, à l'étalage, le pendule choisira les bons endroits pour l'exposition des articles les plus intéressants. Le pendule peut choisir entre plusieurs moyens de publicité, il peut vous dire aussi les jours les meilleurs pour les annonces et les mises en vente, indiquant alors les périodes favorables, qui ne seront pas troublées !

« L'instituteur *chiffrera* la mémoire, la volonté, et les aptitudes de ses élèves, simplement en promenant son pendule au-dessus des cahiers de devoir. Un tel étudie mal… l'instituteur verra s'il est paresseux ou malade, et dans ce dernier cas pourra alerter les parents pour qu'ils consultent un médecin.

« Le médecin peut ausculter ses malades au pendule. Il peut aussi bien les ausculter au pendule en leur absence : sur salive, sang, urine, ou même photographie. En outre du diagnostic, le pendule indiquera les remèdes qui conviennent à *chaque malade* et les doses convenables aux cas particuliers ! De l'avis des médecins qui pratiquent la radiesthésie (ils sont quelques centaines en France, et plusieurs en Belgique), le pendule est insurpassable en ces domaines !

« Le pharmacien demande au pendule le secret de spécialités nouvelles, plus efficaces, plus utiles. Il peut équiper facilement aussi un petit laboratoire de recherches radiesthésiques, service qu'il tient alors à la disposition des médecins au même titre que d'autres services.

« Il va de soi qu'il faut laisser la radiesthésie médicale aux médecins. Nous nous sommes abstenus soigneusement de nous étendre sur le succès qu'un médecin peut obtenir au pendule, parce que nous nous refusons à inciter le profane à pratiquer illégalement l'art de guérir. Les exemples autres que nous donnons prouvent que chacun a mille occasions d'employer le pendule et d'en tirer profit. »

Maintenant, il ne vous reste plus qu'à …

– Relire souvent le présent ouvrage, et à refaire souvent aussi les excellents exercices qu'il indique;

– Faire le choix d'un bon pendule : vous en trouverez d'excellents dans les librairies et maisons spécialisées;

– Vous entraîner fréquemment. Ne faites pas de longues séances, mais pratiquez quinze à trente minutes par jour;

– Vous tenir au courant de ce qui se fait et de ce qui se passe en radiesthésie. À ce titre, nous vous recommandons la lecture de nos ouvrages qui sont régulièrement réédités.

X

Deux pratiques recommandées aux radiesthésistes amateurs

Si vous cherchez une application intéressante de la radiesthésie, soit pour y trouver un passe-temps, soit pour y faire carrière, nous vous recommandons le petit ouvrage de radiesthésie humaine de J. Servranx :

La lecture du caractère au pendule
Santé – Tendances – Tempérament – Caractère et moralité
Activité – Aptitude – Avenir[16]

Et si vous désirez faire des progrès très, très rapides, vous avez intérêt à développer votre sensibilité par la pratique élémentaire du *magnétisme personnel*. C'est pourquoi nous vous recommandons, vivement aussi un autre petit mais précieux ouvrage intitulé :

16 – © Éditions Servranx, 1996, Bruxelles.

Méthode expresse de magnétisme personnel[17]
par Apollonius.

16 exercices sans sujet pour développer
le magnétisme humain.

17 – © Éditions Servranx, 2006, Bruxelles. Voir p. 118.

Annexes

Extraits de la revue
La radiesthésie pour tous

des frères
F. et W. Servranx

Comment choisir un bon pendule ?

Tous les radiesthésistes ont dans leurs tiroirs une collection variée de pendules. Ils y en a de ronds et de pointus, comme dans la chanson : de jolis et de saugrenus... de bariolés qui jurent avec la sobriété des autres. C'est à croire qu'il y a une mode en matière de pendules de sourciers !

Cette diversité qui effraie tant les novices et les débutants ne devrait cependant pas étonner. Jettez un coup d'œil dans la vitrine d'un marchand d'appareils photographiques : toutes les formes sont présentes, de la boîte compacte à la boîte carrée : certains appareils sont minuscules et utilisent de la pellicule sur disque, d'autres impressionnent toujours des plaques à l'ancienne mode. Du côté des objectifs, le choix va du petit 50 plat au gros téléobjectif de 60 centimètres de long pesant plusieurs kilos.

En réalité, ce qui différencie le photographe, amateur ou professionnel, du radiesthésiste en matière de fournitures, c'est que le premier s'estime satisfait lorsqu'il possède deux ou trois belles pièces; alors que le second, surtout s'il est amateur, veut, lui, tout essayer et, si possible, tout posséder… Il est vrai qu'il y a également des photographes sur le chemin sans fin de la perfection ! C'est humain.

Voyons donc maintenant comment bien choisir le bon pendule.

Quelles sont vos recherches de prédilection ?

Si vous vous cantonnez dans un seul genre de recherches, toujours le même, vous aurez déjà repéré qu'*un* de vos nombreux pendules se montre plus sensible que les autres. Il est, pour tout dire, plus exact que les autres. La sagesse voudrait que vous vous limitiez à ce seul pendule-là.

Pour les travaux en plein air, il me semble que les pendules lourds sont les meilleurs.

Pour les recherches médicales, les pendules en verre ou en cristal, les pendules à pointes et les pendules légers me semblent les plus indiqués. Un pendule présentant ces trois qualités se trouve sans difficultés sur le marché.

Pour les recherches sur plans ou sur photos, on obtient les meilleurs résultats avec un pendule léger et pourvu d'une pointe.

Si vous vous intéressez à plusieurs genres de recherches, je conseille l'utilisation d'un pendule adapté à chacun d'eux, sans qu'il soit pour autant interdit de n'en utiliser qu'un seul pour tout : disons un pendule moyen.

Mais voilà, vous n'êtes pas *spécialisé*. Dans ce cas, la question suivante mérite toute votre attention.

Quel est votre degré de sensibilité ?

Moins vous êtes sensible, plus le pendule que vous choisirez sera léger. Si vous considérez posséder une sensibilité moyenne, vous choisirez un pendule d'une vingtaine de grammes. Enfin, si ce type de pendule a tendance à s'emballer ou si vous avez l'impression qu'il manque de précision, je vous conseille de prendre un pendule plus lourd, de 50 à 150 grammes.

Quelle méthode suivez-vous ?

Généralement, les auteurs, tant en radiesthésie physique qu'en radiesthésie psychique, vantent ou décrivent le pendule dont ils se servent eux-mêmes. Si on suit leurs méthodes, la sagesse voudrait qu'on se serve aussi de leur matériel pour s'y tenir.

Si vous opérez suivant la méthode Mager, vous n'obtiendrez de bons résultats qu'en utilisant la baguette calibrée noire à ligature blanche qu'il préconise (ou son pendule noir et blanc, dont il déconseille l'usage).

Il en va de même pour le méthode Turenne. Les pendules Turenne sont les seuls qui conviennent pour travailler selon cette conception. Pour travailler selon les procédés de Mermet, vous vous servirez d'un pendule Mermet; idem pour la formule Christophe. Vous devrez utiliser le pendule réglable noir de Henry de France si vous voulez le suivre dans ses études; tout comme il faudra que vous vous procuriez le pendule de verre noir de Lesourd si vous désirez expérimenter son système.

Si cela semble faire preuve de bon sens, combien en avons-nous vus ne jurant que par la méthode X tout en y travaillant avec un pendule Y… C'est trop souvent une grossière erreur, car un moyen peut en exclure un autre. Vouloir suivre Turenne avec un pendule Mermet, ou inversement, c'est vouloir atteindre l'est en voyageant vers l'ouest.

Le rayonnement de base

Tout processus radiesthésique adopte un rayonnement de base devant logiquement conditionner la matière du pendule.

En gros, il existe deux méthodes. La première, dite physique, s'attache à détecter des rayonnements physiques de type magnétique ou de type électrique. La seconde, dite mentale, opère de préférence par détection d'effluences, soit purement mentales, soit sympathiques (ou nerveuses ou vitales), soit solaires.

Il existe de très curieuses modalités. Ainsi, les procédés de Bovis sont directement inspirés des modifications que subit le magnétisme ambiant sous l'influence des formes. Les pendules de Bovis sont très curieux : ils sont principalement magnétiques et ultra-sensibles aux *ondes de forme*.

Nous pouvons poser le principe suivant : à l'échelle des *microforces* en jeu dans la radiesthésie, toute *substance* est à la fois sensible

– aux lignes de force magnétique,
– aux ondes électriques,
– aux rayonnements mentaux,
– aux rayonnements sympathiques,
– aux influences solaires.

Quoi qu'il en soit, en matière de masse et de suspension du pendule, vous devriez donner la préférence aux matières suivantes :

– aux corps aimantés ou aux isolants électriques dans les recherches mettant en œuvre des rayonnements magnétiques;

– aux métaux ou aux alliages dans les recherches mettant en œuvre des rayonnements électriques. D'excellents radiesthésistes préfèrent souvent, dans de tels cas, un pendule en cuivre, en laiton ou en argent, tous trois très bons conducteurs d'électricité;

– à l'ivoire ou au bois pour les recherches sur les rayons solaires;

– au cristal pour les recherches sur les rayonnements sympathiques, notamment en médecine.

Faut-il prendre un pendule réglable ou non réglable ?

Tout dépend bien sûr de la méthode qu'on applique. Il y a trois type de pendules : les réglables, les autoréglables et les pendules universels.

Le réglage consiste à accorder le détecteur humain sur la longueur d'onde de la radiation qu'on veut saisir. On fait osciller le pendule au-dessus d'un témoin du rayonnement qu'on cherche à capter tout en essayant différentes longueurs de suspension. Lorsque le pendule se met à tourner (giration), cela indique qu'il est en position de meilleure activité. Ce genre de pendule possède souvent une suspension relativement longue. Si, après le réglage, il reste une dizaine de centimètres de cette suspension non utilisés, il faut impérativement les neutraliser en les enfermant dans les trois doigts libres. Au contraire, si vous utilisez toute la suspension, rien n'interdit d'ouvrir les trois doigts en repos. La position de la main refermée n'est obligatoire que lorsque la partie non utilisée de la cordelette ou de la chaînette pend, inutile, le long du pendule en interférant, le plus souvent mécaniquement, dans ses mouvements oscillatoires ou giratoires.

Les pendules autoréglables sont des pendules pourvus d'une cavité pouvant contenir le témoin de ce qu'on cherche.

Les pendules universels sont ceux que le possesseur règle une fois pour toute sur sa sensibilité nerveuse, mentale ou sympathique.

Quant aux radiesthésistes qui font du *divinatoire*, il est bon qu'ils sachent qu'un pendule peut être *retardé*, *avancé* ou mis *à l'heure*. Cela importe notamment dans les prévisions météorologiques… Il serait dommage qu'un pendule mal réglé aiguillonne le chercheur vers des faits à long terme lorsqu'il vise le court terme.

Les polarités

Pour une recherche n'impliquant pas les polarités (disparus, objets perdus, etc.) on choisira de préférence un pendule cylindrique et en hauteur. Par contre, dans une recherche sur le sexe d'une créature vivante ou sur les pôles d'un aimant on prendra plus volontiers un pendule sphérique dont les pôles sont très exactement à l'aplomb l'un de l'autre. Sachez aussi qu'en principe un pendule mal réglé voit ses polarités assourdies.

F. Servranx
Janvier 1946

Pour accroître la sensibilité

Pour en finir avec la guerre du *don*, que seuls quelques élus connaissent, contre la *sensibilité*, appartenant à tout un chacun, nous tenons à confirmer *catégoriquement* que n'importe qui peut pratiquer la radiesthésie s'il en a le désir. Le reste est affaire de pratique. Certaines personnes auront plus de facilités que d'autres : les médiums, par exemple. Mais, répétons-le, tout le monde peut faire de la radiesthésie applicable à tous les secteurs de la vie.

Nous n'affirmons rien à la légère. Ce que nous écrivons n'a rien de gratuit ! Tout est vérifié par des années d'expériences. Nous avons formé des milliers d'élèves et, sans prétendre que tous sont devenus des *as*, nous pouvons avancer que tous ceux qui se sont exercés sont parvenus à de bons résultats.

En moins d'un quart d'heure, nous avons fait démarrer des personnes réputées réfractaires et chez qui l'absence de don avait été dûment constatée.

Voici comment nous nous y prenons. Cela n'a rien de secret ni de sorcier. Il suffit d'appliquer les quelques conseils suivants :

– Marchez, allez et venez, pendule correctement tenu, sans chercher à obtenir ni à empêcher les mouvements de l'instrument. Laissez pendre le pendule qui réagira au gré de la situation. Faites cela chez vous, ou n'importe où ailleurs, en parcourant un circuit quelconque : d'une porte à une fenêtre, etc.

– Toujours sans chercher à imprimer quelque réaction que ce soit au pendule, promenez-le lentement au-dessus d'un plan ou d'une carte géographique. Suivez dans un sens, puis dans l'autre, une voie de chemin de fer, un cours d'eau, etc.

– Tournez, pendule en main, dans un sens, puis dans l'autre, autour d'une chaise, d'une table, puis d'un objet plus petit, sans tenir compte de l'inertie ou des mouvements du pendule.

Ces trois exercices, exécutés lentement, avec application, en tenant le pendule correctement, assouplissent le bras et la main et suppriment les contractures des doigts tout en augmentant votre sensibilité.

Nous avons souvent mesuré des personnes dites incapables de faire de la radiesthésie. Nous effectuions nos mesures au-dessus de l'éminence thénar[1] tout en tenant compte du tempérament du sujet, ce qui est la moindre des choses.

Didier Chatez – 57 ans – Tempérament sanguin-lymphatique. Avant les exercices nous constations 15,5. Après les exercices, 19. Après trois jours d'exercices, 24.

Charlotte Notière – 67 ans – Tempérament nerveux-bilieux. Avant les exercices nous constations 17. Après huit jours d'exercices, 22.

Pierre Binotte – 32 ans – Tempérament sanguin-nerveux. Avant les exercices nous constations 26, mais le sujet n'obtenait pas de mouvement. Après les exercices, 27; avec des mouvements désordonnés. Après trois jours d'exercices, 29; avec de beaux mouvements clairs, précis et souples.

Marielle Tucosin – 36 ans – Tempérament nerveux-lymphatique. Avant les exercices, 16. Après les exercices, 22. Après huit jours d'exercices, 26.

Multiplier les exemples serait fastidieux, mais ceux-ci prouvent que des exercices simples accroissent considérablement la sensibilité.

Cette sensibilité ne fait cependant pas démarrer le pendule dans toutes les mains, car il reste peut-être encore un petit obstacle à

(1) Anatomie : saillie de la paume de la main formée par les muscles courts du pouce.

vaincre : celui de l'autosuggestion – "Chez moi, ça ne marchera pas !", "Tout cela n'est pas possible". Cet obstacle peut aussi être une suggestion : Untel m'a dit que je n'avais pas le don…, etc.

Nous avons, pour combattre cet état d'esprit, quelques exercices servant à *centrer l'attention* pour empêcher qu'elle vagabonde. Ces exercices sont suggestifs des mouvements du pendule. Les voici :

– Faites tourner et osciller le pendule de manière mécanique, c'est-à-dire en imprimant le mouvement au pendule par une impulsion musculaire volontaire. Faites-le tourner à gauche, puis à droite; ensuite, imprimez-lui des oscillations d'avant en arrière, de gauche à droite et vice-versa. Il est important de laisser ces mouvements s'éteindre d'eux-mêmes. Pratiquez donc ces exercices lentement. Vous verrez fréquemment le pendule prendre le relais, alors que votre main aura déjà cessé toute impulsion volontaire. Cela se passe chaque fois que, après avoir lancé le pendule, vous reportez toute votre attention à ce dernier, oubliant complètement votre main.

– Tenez le pendule au-dessus de dessins suggérant des mouvements, par exemple : une spirale, un cercle, des flèches, une croix.

– Immédiatement après ces deux premiers exercices, tâchez de déterminer les mouvements types du pendule lorsque vous le maintenez au-dessus d'un séparateur de rayonnements (la croix) en pensant à des matières spécifiques ou à n'importe quoi d'autre.

Dans tous les cas, sans jamais d'exception, le pendule démarre.

Indépendamment de la fiabilité de ces résultats, ce qui compte, c'est que le pendule ait démarré; prouvant ainsi que l'obstacle, constitué par une raideur de la main, une crispation des doigts, une sensibilité médiocre ou une autosuggestion rebelle, a disparu.

o

o o

Prenons maintenant le cas d'une personne qui obtient des mouvements qui parfois s'évanouissent comme s'ils étaient sujets au *fading* des ondes radio. Nous améliorons ce genre de résultats en conseillant ce qui suit, toujours selon les caractéristiques de la personne :

– Le port d'une couleur sur un disque de papier ou sur un ruban, le jour ou la nuit, mais en déterminant à l'avance la partie du corps qui devra bénéficier de l'influence de ladite couleur.

– Le port de métal sous quelle que forme que ce soit, toujours en déterminant à l'avance la partie du corps qui devra bénéficier de l'influence dudit métal.

– La friction de l'épaule, du bras, du coude, de l'avant-bras, du poignet, de la main et/ou des doigts avec, selon le cas, l'un ou l'autre pôle d'un aimant.

– L'utilisation de certaines substances, de certaines formes ou dessins actifs placés près du sujet ou de sa photo, selon des indications très précises.

°
° °

Sur des centaines de consultations, nous avouons avoir subi deux vrais échecs : un homme trouva nos conseils trop compliqués; une femme ne donna tout simplement plus signe de vie. Quant aux réussites spectaculaires, elles appartiennent aux personnes vraiment intéressées qui couplèrent leurs travaux avec la pratique du magnétisme sous l'égide de notre confrère Apollonius. Ce dernier publia d'ailleurs un manuel sur le magnétisme, ouvrage[1] d'une précision et d'une simplicité réconfortante.

Il existe aussi certaines substances homéopathiques susceptibles d'accroître la sensibilité, seulement, elles ne sont pas les mêmes pour tout le monde; aussi, laissons-nous cela aux homéopathes. Par contre, nous insistons volontiers sur l'importance du régime alimentaire. Chacun trouvera facilement, au pendule, les aliments

1 – *Méthode expresse de magnétisme personnel.* ©Éd. Servranx, Bruxelles, 2006.

qui conviennent à l'accroissement de sa sensibilité. En plus, la mastication poussée des aliments simples et naturels, selon la méthode Fletcher, pour laquelle nous avons une admiration sans borne, accroît aussi la sensibilité tactile.

o

o o

Il n'y a aucun danger à étendre la sensibilité, pas plus qu'il n'y en a à pratiquer la radiesthésie. Seulement, chez le *débutant* enthousiaste on note parfois une nervosité exagérée. Le remède à ce trouble passager est simple :

– Il faut éviter d'utiliser un pendule à pointe, à spirale ou à aimant. Tout comme les accessoires aimantés, l'aimant provoque des fuites de force nerveuse.

– Il vaut mieux utiliser un pendule ultra-léger, de préférence en verre.

– Il faut essayer de se calmer en appliquant la méthode Coué; les effets équilibrants et calmants de la formule omnibus sont remarquables.

Nous rappelons que cela ne s'applique qu'aux débuts de la pratique radiesthésique.

Vos débuts en radiesthésie

°
° °

Voici donc, selon nous, les quelques principes simples et clairs pour accéder à la cour des grands. Bien évidemment, il y a une foule d'autres moyens qui viennent régulièrement à l'aide des radiesthésistes les plus chevronnés; mais, les bracelets bimétalliques et les ceintures spéciales, qui donnent des résultats surprenants, seront pris en compte plus tard.

Pour l'instant donc, entraînez-vous. Aujourd'hui un quart d'heure, demain un autre. Petit à petit, vous vous découvrirez ! C'est absolument passionnant.

À l'œuvre !

F. Servranx

Dix exercices pour le développement de la sensibilité tactile

Voici ce que nous appelons familièrement les *gammes* du radiesthésiste. Ces gammes sont aussi utiles au professionnel, qu'elles maintiendront en bonne forme, qu'au débutant qui n'a rien à perdre.

Exercice 1

Pour affiner la sensibilité tactile et, notamment pour rétablir la circulation nerveuse, il est bon de palper, du bout des doigts, et surtout de l'index et du pouce, toute une panoplie de papiers et de tissus. Prenez de nombreuses textures différentes, intervertissez-en souvent l'ordre et apprenez à les reconnaître. Commencez par faire l'exercice les yeux ouverts. Plus tard, essayez-le les yeux fermés ou couverts.

Exercice 2

Pour percevoir l'alourdissement du pendule, ou l'attraction de la baguette, exercez vous à soupeser, entre le pouce et l'index, une série de petits objets de tailles et de densités différentes. Il faut que vous arriviez à reconnaître le plus lourd. Terminez cet exercice en le faisant les yeux fermés.

Exercice 3

Exercez-vous à percevoir à distance, du bout de l'index et du pouce, les plus minimes différences de température. Débutez de visu avec une tasse de café, une bougie allumée, un pot d'eau fraîche, etc. Continuez votre exercice les yeux bandés.

Enfin, affinez votre recherche avec des températures de moindres écarts.

Exercice 4

Essayez-vous maintenant à la perception des rayons fondamentaux à main nue. Commencez en promenant le creux de la main autour de grandes masses : un poêle, un fer à repasser, une bouteille d'eau, une cavité. Lorsque vous percevrez nettement les impressions de chaud et de froid avec ou sans picotements, efforcez-vous de retrouver ces sensations les yeux fermés.

Exercice 5

Les yeux fermés, frottez l'une contre l'autre les extrémités charnues du pouce et de l'index. Prenez le temps de bien intégrer les différentes sensations que procurent la texture et la chaleur de la peau. Relevez bien tous les changements qui se produiront pendant l'expérience. Travaillez l'index par le pouce et vice-versa, tout en même temps.

Exercice 6

Placez une quantité de petits objets de toutes natures dans une assiette à soupe et identifiez-les les yeux bandés. Avant de commencer, passez-les en revue les yeux ouverts si vous estimez cela nécessaire.

Exercice 7

Les yeux toujours cachés, passez en revue et identifiez des objets plus grands : billets de banque, pièces de monnaie, journaux, etc.

Exercice 8

Placez dans une assiette profonde une série de billes de toutes matières et de tous diamètres : du plomb de chasse à la boule de billard et, yeux fermés, classez-les par diamètre, ensuite par matière, enfin par poids.

Exercice 9

Refaites le premier exercice des deux mains, yeux ouverts, ensuite fermés.

Exercice 10

Croisez les médius par dessus l'index et appréciez les surfaces que vous rencontrerez. Intégrez les courbes, les angles, les polis, etc.

o

o o

Tous ces exercices contribuent à fortement augmenter la sensibilité tactile du radiesthésiste. Ils ont des effets appréciables durant l'entraînement. Ils accroissent les mouvements du pendule ou de la baguette et semblent en augmenter la précision.

Après les avoir passés en revue, on sent nettement mieux l'alourdissement caractéristique du pendule lors des différentes phases d'une recherche. Ils permettent aussi de distinguer nettement les très petites masses lors de recherches de bijoux, par exemple.

Enfin, les lectures sur plans et cartes sont nettement plus claires, franches et rapides.

Bref, cela semble largement valoir la peine qu'on s'y attarde. Seulement, ne vous laissez pas accaparer par votre nouvelle passion. N'allez pas trop vite, surtout si vous ne pouvez y consacrer que peu de temps : procédez pas courtes séances, dix minutes pas jour suffisent.

Lorsque vous aurez fait le tour complet des dix exercices précités, voici un onzième qui vous enchantera puisque son but réside dans la prospection d'un domaine qui vous intéresse déjà.

Si l'entomologie vous passionne, vous découvrirez une quantité de détails grâce à votre pendule, mais aussi grâce aux mains qui le servent. Vous déterminerez les sexes, vous découvrirez de nouvelles réactions de l'instrument face aux antennes de certains insectes, etc.

Si vous aimez la physique, vous prospecterez le rayon lumineux, vous inspecterez une boussole, vous découvrirez des merveilles dans un verre d'eau.

Si vous êtes amateur de botanique ou de jardinage, vous pourrez dès lors étudier les fleurs et les feuilles. Ayez toujours le pendule en poche, la main fera le reste.

Si vous êtes décorateur, peintre, couturier, etc., vous rechercherez les meilleurs combinaisons de couleurs possibles et vous découvrirez les mystérieux pouvoirs du spectre lumineux.

Vos débuts en radiesthésie

Qu'il s'agisse d'hygiène alimentaire, d'archéologie, de minéralogie, votre pendule sera pour toujours votre plus fidèle allié.

Main et pendule : un tout !

N. Macbeth et W. Servranx
Août 1947

Il faut quand même vouloir réussir

À en croire certains professeurs, il suffirait, en radiesthésie, de poser le problème et d'en attendre la solution… qui ne vient pas !

D'autres personnes, ayant pris les manuels d'instructions à la lettre, s'étonnent de ne pas obtenir de bons résultats, voire de ne pas en obtenir du tout.

Et pourtant, lorsqu'on les écoute, tous affichent une neutralité du plus bel aspect.

Il serait surprenant que la neutralité pure et simple puisse, à elle seule, conditionner le succès des recherches radiesthésiques, alors que cette attitude ne favorise aucune autre poursuite. Tout ce qu'on connaît de l'être humain conduit, au contraire, à envisager la volonté et l'enthousiasme comme facteurs essentiels de la vie, quel que soit le domaine abordé. La radiesthésie ferait-elle exception ?

Il ne s'agit que d'un malentendu, dont l'étudiant est neuf fois sur dix seul responsable. Encore faut-il lui expliquer ce qu'il comprend mal et s'efforcer de lui faire saisir la cause de son erreur.

On conseille, avec raison, d'observer la plus complète neutralité durant les recherches. Certes, il faut rester neutre en ce sens qu'il ne faut pas viser à obtenir du pendule ou de la baguette une réaction plutôt qu'une autre. En d'autres termes : il ne faut pas avoir de préférence pour une des solutions possibles.

Si vous cherchez de l'eau, vous ne devez pas *vouloir trouver de l'eau,* car il se peut qu'il n'y en ait pas; vous ne pouvez pas non plus vous dire qu'il n'y en aura pas à tel endroit (comme ceux qui voudraient que le pendule leur fasse violence et aille à l'encontre de leur autosuggestion) car il se pourrait qu'il y en ait ...

Si vous désirez retrouver un objet perdu, il est certain que vous devez vous abandonner passivement aux réactions de l'instrument, et cesser de supputer toutes les localisations possibles !

Mais, la passivité étant indispensable, la neutralité, l'indifférence, même à l'égard de la solution étant observée, il faut, de tout son être, VOULOIR RÉUSSIR SA RECHERCHE. Sans jamais créer l'idée d'une solution plutôt qu'une autre, il est ESSENTIEL de désirer réussir la recherche, quelles qu'en soient les difficultés.

Cette volonté de réussir est, pardonnez-nous d'insister lourdement, une condition essentielle de succès en radiesthésie; condition sur laquelle les auteurs n'ont pas, à ce jour, suffisamment attiré l'attention des débutants.

On ne fait rien sans la volonté... ni radiesthésie ni mathématiques. Si vous devez améliorer une situation, songez qu'il vaut mieux, initialement, vouloir réussir.

Bien sûr, réussir une recherche n'est pas trouver à tout prix ce qu'on cherche. Réussir, c'est trouver ce qui est. Et c'est cela qu'il faut vouloir.

— —

Lorsqu'on dit : Bannisez l'effort, la volonté, l'idée préconçue... c'est un conseil excellent, car il faut éviter toute *tension*; il faut observer les réactions de l'instrument avec passivité et éviter de formuler des pronostics qui risqueraient d'être *adoptés* en lieu et place de la solution vraie.

La trame de fond de votre état mental doit être faite du désir le plus fort d'arriver au succès, au succès contrôlable.

Vous ne ferez rien de bon *en pensant à autre chose*, en restant dubitatif ou en doutant de vos aptitudes. Il faut vouloir le succès, il faut entretenir l'enthousiasme et la certitude de la réussite.

– –

À ceux qui comprendraient mal le *rester passif* opposé au *vouloir réussir*, ajoutons cette autre formulation :

– Ayez la volonté de réussir en radiesthésie, de façon générale, et à l'égard de toutes vos recherches. Cela doit être votre *attitude mentale* prise une fois pour toute.

– Cependant, à chaque nouvelle expérience, observez la neutralité pour ne pas fausser les résultats, tout en désirant *trouver ce qui est.*

– –

Pour entretenir votre enthousiasme, fréquentez les cercles de radiesthésie où vous obtiendrez les conseils nécessaires. Lisez les livres recommandés et suivez des cours... Les alouettes ne tombent pas servies sur plat d'argent.

F. Servranx
Mars 1948

Table des matières

Avertissement 5

Vos débuts en radiesthésie 7

I – Qu'est-ce que la radiesthésie ? 9

II – Pour interpréter les mouvements du pendule 19

III – Première application pratique 27

IV – Tenue du pendule 31

V – Exercices de la main 35

VI – Adoptez un code pratique 51

VII – Comptage 65

VIII – Recherches sur plans et planches anatomiques 71

IX – Vous voilà radiesthésiste… 77

X – Deux pratiques recommandées 87

Annexes 89

- Comment choisir un bon pendule ? 91
- Pour accroître la sensibilité 99
- Dix exercices de sensibilité tactile 107
- Il faut quand même vouloir réussir 113

MÉTHODE EXPRESSE DE MAGNÉTISME PERSONNEL

21x15 - 100 pages

6 dessins explicatifs

16 planches d'entraînement

16 exercices pour augmenter son magnétisme et être bien dans sa peau

Le magnétisme est cette force qui influence tout être, toute chose. C'est l'attraction qu'exerce une personne sur une autre, quelle que soit la distance. Le magnétisme personnel est cette énergie interne qui fait qu'on se sent «bien dans sa peau», sûr de soi et rayonnant. Il donne cet enthousiasme qui permet de réaliser tous les projets.

La maîtrise de la radiesthésie, de l'hypnose, de l'art de guérir, de la visualisation, de la puissance des chakras et de toutes nos facultés psychiques est proportionnelle à l'importance de notre magnétisme personnel. Sans cette force, rien ne se fait.

Avec 16 exercices faciles, la méthode d'Apollonius vous assure des résultats rapides et durables dans le développement de votre magnétisme personnel. Depuis plus de 50 ans, cette technique a aidé des milliers de gens dans le monde. Remise à jour par les Éditions Servranx, elle vous est présentée sous une forme encore plus claire et plus pratique.

Table des matières

I	Qu'est-ce que le magnétisme ?
II	Instructions
III	Exercices pratiques
IV	Effets habituels de l'entraînement
V	Principes d'action
VI	Quelques preuves…
VII	Textes complémentaires à l'usage des radiesthésistes et de ceux qui veulent le devenir

La maîtrise de notre art, de nos dons et de nos facultés psychiques et physiques est proportionnelle à la qualité de notre magnétisme

Un exercice de magnétisme Extrait du livre

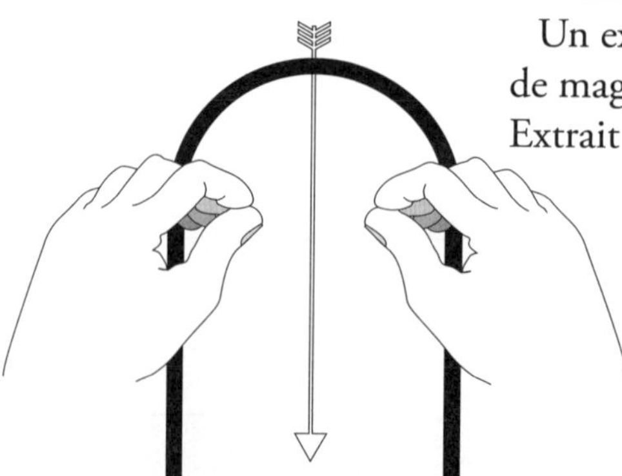

Mouvements très lentstraînants

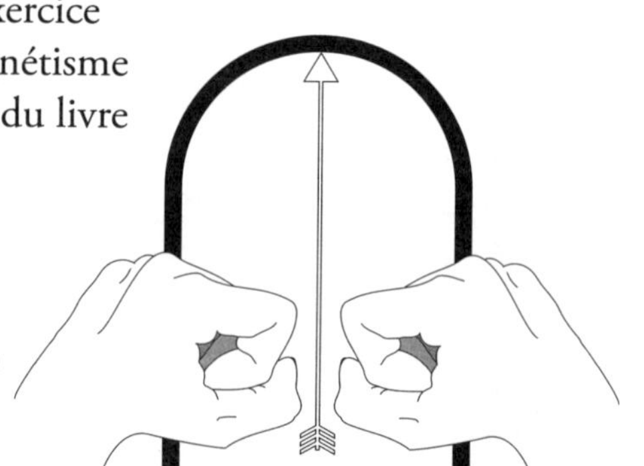

Remonter les mainsà la vitesse normaledes gestes habituels

FONDÉS EN 1946 PAR FÉLIX ET WILLIAM SERVRANX

SERVRANX

Éditions & Laboratoires

AU SERVICE DES RADIESTHÉSISTES DEPUIS PLUS D'UN DEMI-SIÈCLE

EXTRAIT DE NOTRE CATALOGUE GÉNÉRAL

LIVRES

Magnétisme à distance
Hypnotisme sans sujet
Télépsychie et télépathie
Influence des nombres
Les appareils à guérir
Méthode expresse de magnétisme personnel
Vos débuts en radiesthésie
Le pendule de Thoth et ses mystères
Ondes de forme et énergies
Lecture du caractère au pendule
Le petit Lenormand
Les dessins actifs
Dynamisation de la mémoire
Connaissance et intuition
Initiation à la radiesthésie en 12 leçons
Radionique et action à distance en 10 leçons
Radiesthésie médicale
Radiesthésie des affaires
Radiesthésie des carrières et professions
Matérialisations radiesthésiques
La force pensée
La guérison spirituelle
Revue : La radiesthésie pour tous

MATÉRIEL

Le pendule de Thoth *(modèle original de Marc Roquart)*
Pendules Luzy, Discry, etc.
Régle universelle Servranx
Bâtons et rondelles de soufre
Accus planétaires
Batteries Force S et Neutral
Accus cosmiques
Méthode Express Succès
Écrans colorés
Électrets
Boussoles - Pointes à tester
Appareil de radionique ERR 6 - P™
Planchette Oui-Ja et alphabet spirite *(modèle original du Dr. Baldieu)*
Graphiques de radionique et de radiesthésie
Auradyne – Magnétisme vital
Télérec
Magnéticure

Notre boutique en ligne : **http://www.servranx.com**

Pour recevoir nos catalogues saisonniers, communiquez-nous vos coordonnées.
Éd. Servranx, 23-25 rue G. Biot, B - 1050 Bruxelles – Tél. : 00 32 2 0649 **18 40** – Fax : **12 10**

Madame ☐ Mademoiselle ☐ Monsieur ☐

Nom : .... Prénom : ....

Adresse : ....

Ville : ....

Pays : ....

Tél. : .... E-Mail : ....

Imprimé par
Dereume Printing
Rue Golden Hopestraat 1
1620 Drogenbos
Belgique
Pour le compte des
Éditions Servranx
en septembre 2014

Dépôt légal : septembre 2014